Gerd Müller • Jürgen Schraudner • Wolfgang Wußmann

Bamberg

Eine Reise durch die Zeit

Heinrichs-Verlag Bamberg

Veröffentlichungen des Stadtarchivs Bamberg
hrsg. im Auftrag der Stadt Bamberg
vom Stadtarchiv Bamberg

Band 38

Zur Erinnerung an unseren Co-Autor, Freund, Mentor und Ratgeber Wolfgang Wußmann, der vor Fertigstellung des Buches überraschend verstarb.

Inhalt

Vorwort

Bilder aus der Vergangenheit üben immer eine große Faszination aus. Dies gilt umso mehr, wenn ihnen der aktuelle Blickwinkel gegenübergestellt wird. So wird sich auch bei diesem Buch der Leser schon beim flüchtigen Durchblättern kaum der Anziehungskraft der Bilder entziehen können. Aber auch hier zeigt sich, dass bei aller Suggestivkraft eines optischen Eindrucks erst die Information über die Bildinhalte zu einem Verständnis des Gezeigten beiträgt. Auch wenn angesichts der Zerstörungen des Zweiten Weltkriegs in anderen Städten die Gegenüberstellung von Vergangenheit und Gegenwart noch viel drastischer den Wandel und die Veränderung des Stadtbilds vor Augen führen mag, ist dies doch auch im Falle Bambergs mit zahlreichen Überraschungen verbunden. Zum Glück blieben viele Konstanten im Stadtbild erhalten. Aber im Laufe der letzten gut hundertfünfzig Jahre, die die in diesem Buch veröffentlichten Bilder aus den Unterlagen des Stadtarchivs und den mit Blick für Details aufgenommenen Fotos von Jürgen Schraudner wiedergeben, veränderte sich das Stadtbild optisch und funktional.

Die Gründe waren das Anwachsen der Stadt sowie die Verdichtung der Baugebiete in der Innenstadt und ihren Erweiterungsgebieten. Dies bezieht sich auf die Siedlungsgebiete ebenso wie auf die Areale des Verkehrs, des Gewerbes und der Wirtschaft. Altgewohntes, manchem heutigen Leser vielleicht noch Vertrautes, ist inzwischen überbaut, evtl. gar ganz verschwunden oder grundlegend verändert und durch Neues im Stil der jeweiligen Zeit ersetzt. Denken wir nur an die Veränderungen, die die Planung des Verkehrs mit sich brachte mit der Lenkung des Verkehrsflusses auf moderne Ringstraßen aus der Altstadt heraus oder damit eng verbunden die Schaffung einer Fußgängerzone. Eine Vielzahl von Details über kleine und große Veränderungen in Bamberg kommen, manchmal auf den ersten Blick gar nicht bemerkbar, in diesem Buch zum Vorschein. Da trifft es sich gut, dass mit den Texten von Gerd Müller und dem jüngst viel zu früh verstorbenen bekannten Bamberg-Experten Wolfgang Wußmann zusammen mit den zeitgenössischen Fotos von Jürgen Schraudner drei ausgewiesene Kenner für den Inhalt verantwortlich zeichnen.

So entstand ein Buch, das für eigene Streifzüge durch die Stadt ebenso Anhaltspunkte bietet wie für Führungen, Vorträge oder für den Unterricht an den Schulen. Es ist ein Buch der Heimatpflege im besten Sinne des Wortes – und mit den in das Buch eingewobenen Mundartgeschichten aus der Feder von Wolfgang Wußmann noch dazu angereichert mit Geschichten aus dem Alltagsleben der Menschen in einer Zeit, die noch gar nicht so lange der Vergangenheit angehört.

Den drei Autoren ist es daher zu danken, dass sie diese Zeit und ihre Veränderungen dokumentiert und illustriert haben. Zugleich aber führen sie einer hoffentlich großen Leserschaft vor Augen, welche Verpflichtung sich für alle Bürgerinnen und Bürger aus diesem kostbaren Erbe ergibt, nämlich es mit dem notwendigen Wissen über die Vergangenheit in der Gegenwart zu bewahren und aus diesem Wissen heraus für eine lebenswerte Zukunft weiter zu entwickeln.

Horst Gehringer
Leiter des Stadtarchivs

Vorwort der Autoren

Der stetige Anstieg der Einwohnerzahlen von 35.800 Einwohner im Jahre 1890 auf knapp 80.000 Einwohner im Jahre 2020 verursachte natürlich einen Wandel in vielen Stadtteilen durch Neubauten, veränderte Straßenführungen, Neugestaltung der Innenstadt mit Fußgängerbereichen und vieles mehr. Wegen der fast unüberschaubar vielen Veränderungen im Stadtgebiet mussten wir uns zwangsläufig auf einen relativ kleinen Teil beschränken.

Wir Autoren nahmen dies zum Anlass, aktuelle Fotos mit den historischen Ansichten zu vergleichen und die Zusammenhänge mit entsprechenden Anmerkungen zu versehen. Dabei werden auch einige „Bamberchä Gschichtla“ von Wolfgang Wußmann in Mundart eingeflochten.

Dankenswerterweise hat Frau Birgit Erhardt vom Heinrichs-Verlag unsere Idee aufgegriffen und stand uns mit Ihrem Team bis zum fertigen Buch beratend zur Seite. Die drei Autoren veröffentlichten auch das Buch „Die Straßenbahn kommt“ über deren Geschichte (1897–1922), das 2018 im gleichen Verlag in zweiter Auflage erschien und noch erhältlich ist

Gerd Müller – Jürgen Schraudner – Wolfgang Wußmann (†)

Maxplatz – Katharinenspital – Hertie

Der Maxplatz konnte nur entstehen, weil die „Untere Pfarrkirche St. Martin" samt Friedhof 1802/03 abgebrochen bzw. aufgelassen wurde. Bei den Ausschachtungsarbeiten zum Bau der jetzigen Karstadt Tiefgarage stieß man auf Reste des Friedhofes und der Grundmauern der alten Martinskirche.

Ein geschlossenes Areal bildet das ehemalige Katharinenspital – gegenüber dem früheren Klerikalseminar (jetzt Rathaus Maxplatz), von dem ein Ausschnitt Ecke Fleischstraße zu erkennen ist. Die Gebäudefront geht auf Pläne von Balthasar Neumann zurück. Fürstbischof Friedrich Karl von Schönborn ließ im 18. Jahrhundert den eindrucksvollen Bau für das Spital errichten, das sich vom Grünen Markt bis zur Fleischstraße entlang des Maxplatzes erstreckt. Das Katharinenspital hat eine lange Vorgeschichte: Bereits1203 wurde es erstmals als „hospitale sancte Katarine" urkundlich erwähnt. Im Lauf der Jahrhunderte folgten immer wieder Um- und Erweiterungsbauten. Nach einem Hochwasser im Frühjahr 1294 mussten Schäden beseitigt und nach einem

Brand im Jahr 1448 Kapelle und Pfründnerbau wiederaufgebaut werden. 1909/10 wurde am Grünen Markt das Kaufhaus Tietz an Stelle des abgebrochenen „Bamberger Hofes“ (Grüner Markt 23, 25, 27) mit wuchtiger, künstlerisch gestalteter Fassade errichtet (danach Kaufhaus Hertie und Karstadt). Mitte der Zwanziger Jahre erwarb die Fa. H. & C. Tietz den hinteren im Bild sichtbaren Spitalbau des ehemaligen Katharinenspitals und erzielte so eine erhebliche Erweiterung der Angebotsfläche. Das historische Foto entstand 1928. Es zeigt noch die schönen Schaufenster-Rundbögen.

1842 kaufte Friedrich Krackhardt den südöstlichen Teilkomplex für sein Geschäft. Seit einigen Jahren betreibt die Familie Krackhardt ein mit großem Aufwand eingerichtetes Café mit Kulturangeboten in verschiedenen historischen Räumen und Gewölbekellern und bereichert die immer noch fehlende Platzgestaltung durch einen bewirtschafteten Außenbereich in der warmen Jahreszeit.

Vögele
HONER
HONER
HONER
HONER
HONER
HONER
HONER
HONER

Maxplatz – Honer und Vögele

Der Maxplatz, korrekt eigentlich Maximiliansplatz, wurde zu Ehren des Kurfürsten Maximilian IV. von Bayern, später König Maximilian I. Joseph (1756 – 1825) so benannt.

Wir haben bewusst zwei Fotos aus jüngerer Zeit ausgesucht, die die Südost-Bebauung des Maxplatzes in der Stadtmitte zeigen. Auf dem Schwarzweiß-Foto, das im Februar 1992 entstand, gab es noch das Bekleidungsgeschäft Vögele, zuvor aus gleicher Branche die Fa. Arendt. Anfang der 60er-Jahre wurde an der Fassade des neu gebauten Anwesens ein Glockenspiel angebracht, das regelmäßig einen kleinen Menschenauflauf hervorrief. Bevor nach der Fa. Vögele ein Drogeriemarkt das Haus übernahm, wurde das Gebäude von einem anderen Vorbesitzer mit einer auffälligen gläsernen Fassade versehen, wie das aktuelle Farbfoto anschaulich zeigt. Ob dies ein städtebaulicher Fortschritt ist, lassen wir dahingestellt. Das große traditionsreiche Gemischtwarengeschäft Honer gibt es leider nicht mehr. Nach aufwändigen Innenumbauten wurde es Filialsitz eines großen Bekleidungsunternehmens.

Die früher dort vorhandenen Anwesen Maxplatz 10 – 14, die zum Teil aus dem 16. bis 18. Jahrhundert stammten, fielen 1961/62 der Spitzhacke zum Opfer. Aus drei historischen Bauten bildete man zwei modernisierte Baukörper. Die Baugeschichte des rechts davon stehenden Anwesens Maxplatz 8 kann bis zum Jahr 1441 belegt werden. 1709 kam es in den Besitz Johann Dientzenhofers und wurde an der Hausfront barockisiert. Die Marktbeschicker bieten nur noch bei Großveranstaltungen in der Fußgängerzone auf dem ungeliebten, fast schattenlosen Platz ihre Produkte feil.

Maxplatz

Maximiliansplatz, nein Maxplatz, sagen die Bamberger. Der Platz hat eine saalartige Atmosphäre; im Süden des Platzes fallen einige jüngere Bausünden auf. Allerdings sind auch einige schöne Bürgerhäuser des 18. Jahrhunderts zu nennen: Haus zum Eckenbüttner, Haus zum Grünen Sittich.

Im Osten (rechts) entstand das ehemalige Priesterseminars zwischen 1732–1738. Seit 1928 ist es das Neue Rathaus.

Im Westen (links) befindet sich der 1729–1734 errichtete Bau des Katharinenspitals.

Im Norden begrenzt die Häuserzeile an der Fleischstraße den Maxplatz. Bis auf das Anwesen Fleischstraße 15 wurde die Häuserzeile in den 80er-Jahren bis zur Einmündung Zwerggasse durch historisierende Neubauten ersetzt.

Süd-, Ost- und West-Seite sind teilweise noch von den Schönborn-Bischöfen geprägt. Baumeister waren Balthasar Neumann, Michael Küchel und Justus Heinrich Dientzenhofer. Bis zur Eröffnung der Fußgängerzone 1976 rollte der Autoverkehr durch die Hauptwachstraße und um den Maxplatz in Einbahnrichtung. Auf dem Maxplatz stand bis zu ihrem Abriss die „Untere Pfarre" (Alt-) St. Martin 1804. (Relief nahe dem Rathauseingang).

Blaupunkt
EIS
VENEZIA

Grüner Markt

Der Grüne Markt ist der einzige Platz mit der Bezeichnung „Markt" (siehe auch Heumarkt, Holzmarkt und Obstmarkt), auf dem heute noch Markt stattfindet. Er reicht vom Maxplatz bis zur Einmündung Lange Straße. Der Grüne Markt ist Teil der Schönbornschen Barockachse, die durch die Bauwut der beiden aufeinanderfolgenden Fürstbischöfe im 18. Jahrhundert entstand und sich von der Hauptwache über die Obere Brücke bis zur Neuen Residenz erstreckte.

Das alte Foto von 1955 von A. Schlund zeigt links vom berühmten Raulinohaus ein gewaltiges Bauwerk mit einem altarähnlichen Abschluss. Schöne Häuser reihen sich aneinander. Selbstverständlich war es, neben den Stadtbussen als einer der noch nicht besonders zahlreichen Autobesitzer bis in das Herz der Innenstadt fahren und parken zu dürfen.

Das neue Foto zeigt das nach wie vor markante Raulinohaus. Vom gewaltigen Oberstockwerk des Nachbarhauses zur Linken ist nur wenig mehr zu erkennen. Seit einigen Jahren macht der Grüne Markt seinem Namen alle Ehre, weil dort auch wieder Wochenmarkt mit Obst- und Gemüsehändlern stattfindet. Man findet dort allerdings nur Obst- und Gemüsehändler. Die wenigen Bamberger Erzeuger bieten ihre Waren meist mittwochs und samstags in der Hauptwachstraße feil.

Löschwasserteich Domplatz

Diese Aufnahme des Löschwasserteichs vor der Neuen Residenz dürften nur wenige kennen. Darin spiegeln sich die Domtürme und der Kanzleibau der Alten Hofhaltung. Im Brandfalle hatte die Feuerwehr schnell eine ausreichende Wassermenge zur Verfügung. In den Wintermonaten wurde der Löschwasserteich oft zum Schlittschuhlaufen „missbraucht". Das Provisorium wurde schließlich in den 1950er-Jahren abgebrochen, weil die Wasserversorgung modernisiert und dadurch die Versorgung mit Löschwasser gesichert wurde.

Alte Maut – Rückseite

Auf den ersten Blick werden nur Insider erkennen, welches unscheinbare, aber markante Gebäude mit dem hohen Giebel hervorsticht und vor allem an welcher Stelle im Stadtgebiet. Nicht selten ist es so, dass rückseitige Ansichten aus finanziellen Gründen konträr zu oft wunderschönen Schauseiten stehen, wie man am Beispiel der Alten Hofhaltung und der Neuen Residenz auf dem Domplatz sehen kann, auch wenn im Jahr 2020 die Rückseiten der Neuen Residenz mit gelungener Scheinarchitektur versehen wurden. Wir sehen die Rückseite der am 22. Februar 1945 teilweise zerstörten Alten Maut mit Blickrichtung zur damaligen Austraße, fotografiert 1920.

Auf der rechten Seite der aktuellen Aufnahme sind die nach dem Krieg entstandenen Gebäude zu sehen, an deren Stelle die Alte Maut stand.

Bitte umblättern für die Frontseite des Gebäudes und ihrer Nachbarhäuser.

Alte Maut – Frontseite am Grünen Markt

Es war ein beeindruckender Sandsteinquaderbau aus dem 16. Jahrhundert mit dem dominanten Renaissance-Giebel, inmitten der Stadt am Grünen Markt 5 und an der Austraße 4 gelegen. Auf dem historischen Foto ist das Anwesen im Ensemble mit dem Nachbaranwesen Grüner Markt 7 zu sehen. Eine Sprengbombe brachte am 22. Februar 1945 Teile des Giebels und Daches zum Einsturz. Am 13. April 1945 zerstörte Artilleriebeschuss das Gebäude bis auf Reste des Erdgeschosses und Kellers, so dass sich ein Wiederaufbau im alten Stil nicht mehr anbot.

Ein Vorläuferbau aus der Zeit um 1364 diente in den Jahren danach als Brothaus und Getreidespeicher, zur Zeit der Fürstbischöfe als fürstbischöfliches Kaufhaus und später als Altes Rathaus. Kurioserweise bezeichnete man damals den 1386 auf der Regnitzinsel errichteten Torturm als „Neues Rathaus“ und die Maut als „Altes Rathaus“. 1810 wurde dort das Zoll- und Mautamt eingerichtet. So kommt es zum Begriff „Alte Maut“.

Immer wieder wurde umgebaut, bis nach 1906 Läden, eine Gastwirtschaft und Wohnungen entstanden. Die Frontseite am Grünen Markt zieren schöne Fassadenmalereien aus der Zeit 1905 bis 1914.

Ab 1921 betrieb die spätere Bayerische Hypotheken- und Wechsel-Bank ihre Geschäfte bis zur Bombardierung. Rechts daneben blieb das Anwesen Grüner Markt 7 an der Ecke zur Fischstraße im Zweiten Weltkrieg zum Glück unversehrt. Es ist wohl auf Pläne von Johann Leonhard Dientzenhofer zurückzuführen. Im Erdgeschoss waren ursprünglich die Fleischbänke untergebracht, später änderte man die Nutzung zugunsten verschiedener Ladengeschäfte. Ein mit allegorischen Figuren besetztes Eingangsportal und schmucke Fensterelemente zeichnen das markante Gebäude aus. Auf dem Dach des historischen Fotos sieht man noch einen Telefonverteilungsmast. An der linken Gebäudeseite wurde zum Andenken an die zerbombte „Alte Maut“ eine Gedenktafel angebracht.

AUTO-
SCHALTER
BÜRGER BRÄU
VICTORIA-VERSICHERUNG
MESSER

Grüner Markt – St. Martin

Der Grüne Markt vom Fenster eines Gebäudes am Obstmarkt fotografiert. Die katholische Kirch St. Martin (vormals Jesuitenkirche) mit der dominierenden Barockfassade wurde nach Plänen von Georg und Leonhard Dientzenhofer im Jahr 1693 vollendet. Der Kirchturm folgte 1696. Von dort oben hat man einen idealen Blick auf den Domberg.

Auffällig ist der Taxistand am „Bürgerbräu-Stüberl" (spätere Jahn-Brathendlstation) mit den schwarz lackierten Taxis und den dicht belegten Parkplätzen gegenüber. Die Farbe der Taxis wurde Anfang der 1970er-Jahre gesetzlich im beigen RAL Ton 1015 festgelegt. Die Ausführung in Beige musste bis 1975 erfolgen. Die vorübergehende Umgestaltung zur Verkehrsberuhigung erfolgte 1973 anlässlich der 1000-Jahr-Feier der Stadt Bamberg, während die endgültige Fertigstellung der Fußgängerzone 1976 nach Plänen von Prof. Winkler erfolgte (u. a. mit dem umstrittenen Röhrenbrunnen). Die Einweihung der Fußgängerzone wurde mit einem großen Fest gefeiert. Die offizielle Eröffnung nahm Oberbürgermeister Dr. Theodor Mathieu vor.

Fischerei

Die Fischerei hieß früher Fischergasse. Sie ist eine Verbindungsgasse von der Kapuzinerstraße zur Markusstraße. Der alte Straßenname wurde von den seit Jahrhunderten dort ansässigen Fischern abgeleitet. Die Fischer, Bambergs ältestes Gewerbe, sind mittlerweile fast ausgestorben. Bamberger Fischer besaßen bzw. besitzen alte Rechte zum Fischen im Main. Sie siedelten hauptsächlich in Klein-Venedig. 1853 gab es noch 68 Fischer. Auf dem Foto von Alois Erhardt sieht man die alte Begrenzungsmauer des ehemaligen Kapuzinerklosters, dessen Gärten bis zur Fischerei reichten. In den Gärten spielte u. a. der 1. FC 01 Bamberg, da noch keine eigene Spielstätte existierte. Nach Abbruch des Klosters fand auf dem Gelände 1882 das erste Landesturnfest statt. Rechts erstrecken sich die „Reihenhäuser" der Fischerei mit Zugang zum linken Regnitzarm.

Auf dem aktuellen Foto erkennt man links die Abbiegung in den hinteren Graben mit der restaurierten Martinschule. Im Anschluss entlang der Fischerei der Zugang zu den Pausenhöfen, rechts die malerischen Häuser der Fischerei, deren Anblick von der Klein-Venedig-Seite her natürlich übertroffen wird. Das Kapuzinerkloster wurde 1636 durch Architekt Giovanni Bonalino an der Stelle des heutigen Clavius-Gymnasiums erbaut. Das Kloster wurde 1826 aufgelöst. 1835 ging das Gebäude in städtischem Besitz über und wurde 1878/79 abgerissen. Nach der allgemeinen Umbenennung der Bamberger Gymnasien 1965 kam es zur Namensänderung von Oberrealschule zu Clavius-Gymnasium. Eine umfassende Sanierung wurde 2017 abgeschlossen.

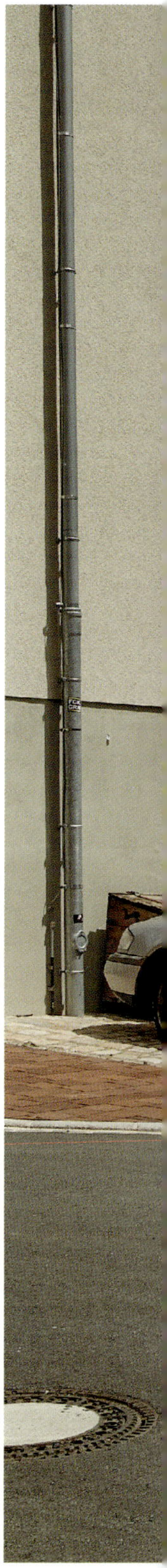

Damen-Herren & Kinder-Confection
G. Mannheim
G. Mannheim
Modes
Confection
W. Brüll
Bettwaaren

Obstmarkt

Die um 1905 entstandene Aufnahme zeigt sehr schön den ursprünglichen Straßenverlauf am Obstmarkt mit dem Denkmal der Ulanen, das später am Ulanenplatz im Stadtteil Wunderburg wieder aufgebaut wurde. Durch die Kriegswirren in den letzten Tagen des 2. Weltkriegs wurde die Platzanlage des Obstmarkts, Austraße und Grüner Markt komplett zerstört. Städteplanerisch wurde der Straßenverlauf beim Wiederaufbau entsprechend dem heutigen Verlauf der Straße zum Kranen korrigiert. Das Gebäude des Optikers und Fotografen Wilhelm Kröner und dessen Sohn Alfred (Grüner Markt 1) wurde erst Ende der 1960er-Jahre neu erbaut.

Schönleinsplatz

Der Schönleinsplatz liegt zwischen Friedrich-, Hain-, Willy-Lessing- und Lange Straße. Auf dem alten Foto erkennt man von der Hainstraße aus links das Hotel Messerschmitt (um 1900); hoch aufragend dahinter die ehemaligen Zentralsäle. Rechts gegenüber steht die Wassermann-Villa. Der Bamberger Privatier Matthäus Klee ließ sich 1871 die Villa erbauen und prächtig ausstatten. Zehn Jahre später kam die Villa zunächst in den Besitz von Emil Marschalk von Ostheim und ab 1903 in das Eigentum der Bankiersfamilie Wassermann. Schräg gegenüber an der Ecke Willy-Lessing-/Friedrichstraße sieht man das ehemalige Marienbad. Auf dem aktuellen Foto erkennt man von links das an Stelle der Zentralsäle entstandene Hotel Central, gegenüber die Wassermann-Villa. Bei der Wassermann-Villa befindet sich der ehemalige Pavillon mit Wartehäuschen der Reichspostdirektion und einem sog. „stummen" Postamt. Heute ist das Café Rondo ein beliebter Treffpunkt. Den Entwurf dazu lieferte Robert Simm. Der freistehende Pavillon besteht aus drei miteinander verschnittenen zylindrischen Formen, großen Fensterflächen und einem weit auskragenden Flachdach. Hinter der Wassermann-Villa befindet sich das ehemalige Landrats- bzw. Kreiswehrersatzamt, das bereits zum Bürgerrathaus (Rathaus am ZOB) umgewandelt und 2019 eingeweiht

wurde. Rechts an der Ecke Willy-Lessing-/Friedrichstraße befindet sich die VR Bank. Der Schönleinsplatz, vormals Schießhausplatz/-garten genannt, zählt zu den aufwändigsten gründerzeitlichen Stadtplätzen des späten 19. Jahrhunderts in Deutschland. Seine maßgebliche Ausgestaltung mit Fontäne, Denkmal und umfangreichen Blumenpflanzungen machten ihn zum prächtigen Eingang in die Stadt am Ostrand der Inselstadt. Der Platz diente zur Erschließung einer Stadterweiterung, die ab den 1880er-Jahren nach dem Bau der Dammanlagen am rechten Regnitzarm entstand. In Richtung Wilhelmsplatz führt die Friedrichstraße nach Osten, nach Westen die Lange Straße. Nach Süden führen die Schützen- und die Hainstraße; nach Norden die Willy-Lessing-Straße. Seinen heutigen Namen erhielt der Platz nach dem Arzt Johann Lukas Schönlein (1793–1864) erst 1874, als die vom Wiener Bildhauer Caspar von Zumbusch gefertigte Büste enthüllt wurde. Schönlein war ein bedeutender Arzt, der in der Medizin die naturhistorische Richtung einführte. Er wirkte als Professor an den Universitäten Würzburg, Zürich und Berlin, wo er zugleich Leibarzt der preußischen Könige Friedrich Wilhelm III. und IV. war. Der deutsche Arzt Virchow war Schönleins Schüler.

Lange Straße

Die Lange Straße, lateinisch longa platea, ist eine mittelalterlich geschwungene Straße (lang nach mittelalterlichem Verständnis). Die Häuser sind gotischen Ursprungs. Die Fassaden erfuhren im 18. Jahrhundert eine gezielt durchgeführte Barockisierung. Die vom Bauwurm besessenen Schönborn-Bischöfe versprachen den Hausbesitzern der Langen Straße Steuerermäßigung je nach Stockwerkanzahl. Zum Zeitpunkt des historischen Fotos von 1897 sieht man beidseitig aufgestockte Dachgeschosse. Während des Mittelalters bauten die Bewohner die Häuser lediglich dreigeschossig, wie man heute noch bei den Gastronomiebetrieben Sternla und Messerschmitt Nähe Schönleinsplatz sehen kann. Die Straße wurde immer wieder für die verschiedensten

Umzüge festlich geschmückt. Im Zuge der entstehenden Barockachse (von der Hauptwache bis zur Neuen Residenz) sollte die Lange Straße als Prachtstraße nicht nachstehen. So gingen die Eigentümer auf das Schönbornsche Versprechen mit der Steuerermäßigung ein und gestalteten die Fassaden barock, was man auf dem aktuellen Bild nachvollziehen kann. Der Blick in die Lange Straße zeigt sehr deutlich den geschwungenen Charakter. Seit etwa 1340 gilt sie als älteste Hauptstraße der Stadt. 1933 wurde die Lange Straße in Adolf-Hitler-Straße umbenannt. Nach dem Zweiten Weltkrieg nahm man die Benennung wieder zurück.

Franz-Ludwig-Straße

Einen recht kargen Anblick bietet die Franz-Ludwig-Straße zwischen dem Grünen Markt/Maxplatz und der Promenade auf dem historischen Foto und das inmitten der Stadt. Die Straße wurde nach Fürstbischof Franz Ludwig von und zu Erthal (1730–1795) benannt. Alois Erhardt, der bis zu seinem Tod 1902 die Entwicklung der Stadt in den Gründerjahren vorbildlich dokumentierte, hinterließ uns diese Szene 1900 mit dem Biergarten der ehemaligen Brauerei Eckenbüttner samt Gasthof und Metzgerei sowie Kamin im Hintergrund. Das Anwesen Maxplatz 2 beherbergte ursprünglich das St. Martha-Schwesternhaus, bevor Eckenbüttner dort seinen Sitz hatte. Beachtenswert ist das Hauszeichen, das einen Büttner (= Fassmacher) zeigt. Der Eckenbüttner war lange ein regelrechter Magnet in der Innenstadt und stünde der heutigen Fußgängerzone gut zu Gesicht. Aus Stadt und Land kamen die Kunden, die in der Metzgerei und der angeschlossenen Wirtschaft gut bedient wurden.

Im Straßenverlauf erkennt man einen kleinen Teil des prachtvollen Krackhardt-Hauses, Grüner Markt 31, dem Verwalterbau des ehemaligen Katharinenspitals. Ausführungen zum Katharinenspital lesen Sie bei den Fotos zum Maxplatz (S. 8). Das aktuelle Bild zeigt die Straßenführung mit beidseitig nach 1945 errichteten Geschäftshäusern.

Luisenstraße

Der schöne Straßenzug der Gründerzeit biegt von der Friedrichstraße ab und mündet nach Querung der Franz-Ludwig-Straße in den Heinrichsdamm. Der Name leitet sich von Louise Ludovika Wilhelmine ab, Prinzessin von Bayern und Tochter des bayerischen Königs Maximilian I. Joseph (* 4.12.1808, † 26.01.1892). Nicht zu vergessen – sie ist die Mutter von Kaiserin Elisabeth von Österreich-Ungarn („Sisi"). Auf den Fotos sieht man geschlossene filigrane Ensembles auf der rechten Seite mit meist dreigeschossigen Mietshäusern und Satteldach im Stil der Neurenaissance. Die Bauphase erstreckte sich ab Haus-Nr. 1 von 1890 im weiteren Verlauf bis ca. 1907 (Eckhaus zum Heinrichsdamm) als viergeschossiger Satteldachbau mit vielgliedriger Fassade. Gegenüber steht ein Seitenflügel des 1890 gegründeten Franz-Ludwig-Gymnasiums. Die neueren Gebäude des Ensembles wurden als Satteldachbau in historisierendem Jugendstil errichtet. Von 1956 an hatte die Fa. Auto Scholz linksseitig in einem Geschäftshaus der 50er-Jahre mit Ausstellungsräumen und Werkhallen zeitweise ihren Sitz in der Straße, bis das Unternehmen in die Kärntenstraße expandierte.

Schranne – Geyerswörthplatz

Erst durch den Abbruch der Kirche St. Anna (1810/11) im ehemaligen Franziskanerkloster konnte der Platz so entstehen, wie er sich heute darbietet. Die Konventgebäude des Klosters (nicht im Bild – rechts vom Parkplatz), stehen noch heute und werden für Verwaltungszwecke – Amt für Digitalisierung, Breitband und Vermessung und Polizeiinspektion Bamberg-Stadt mit Polizeiwache Schranne – genutzt.

Der alte Begriff „Schranne" umfasst in der Regel einen Getreidemarkt oder Kornspeicher, wo z. B. das angelieferte Getreide gewogen und verzollt wurde. Das war auf der Schranne nach der Säkularisation 1803 der Fall. Zwischenzeitlich wechselte der Platz seinen Namen, denn bis 1952 hieß er Theresienplatz. Prinzessin Therese von Sachsen-Hildburghausen, die 1810 in München mit Kronprinz Ludwig I. von Bayern verheiratet wurde, war die Namensgeberin. Durch ihren Aufenthalt in Bamberg entstand so dieser Name.

Das rechte Gebäude auf dem historischen Foto zeigt die Brudermühle, Schranne 1 mit Mansarddach („Bruder-Korn-Weizmühle") und grenzt an den Regnitzspund und den Geyerswörthsteg an. Eine Vorgängermühle

bestand bereits im 15. Jahrhundert an dieser Stelle. Im Lauf der Zeit brannten mehrere Bauten ab. Johann Caspar Molitor baute die Mühle erneut auf, wie sie auf dem Foto zu sehen ist. Nach mehreren Besitzerwechseln erwarb Kaufmann Friedrich Krackhardt das Gebäude für die neue Wasserwerksgesellschaft. 1888 übernahm die Stadt das Wasserwerk. Die Stilllegung erfolgt 1922. Ab 1977 wurde es, völlig entkernt, zum „Hotel Brudermühle" umgebaut. An der dem Geyerswörthplatz zugewandten Ecke ist eine große Hausfigur angebracht, die die Aufnahme Mariens in den Himmel darstellt (frühes 18. Jahrhundert, von Leonhard Gollwitzer oder Johann Georg Stöhr geschaffen).

Im Hintergrund des historischen Fotos ragt der Torturm des Alten Rathauses ins Bild. Das kleine Häuschen davor gehört zum Geyerswörthplatz 5 und stammt aus der Zeit um 1470. Es wird beschrieben als ehemalige dompropsteiliche Mehlwaage. Das liegt nahe wegen der Schranne als Getreidemarkt. Heute ist in dem kleinen Gebäude eine Wohnung und eine Umspannstation untergebracht. Auf der linken Platzseite steht das Geschäftshaus Geyerswörthplatz 2 (ehem. A. u. R. Wunderlich, Charcutier und später Fa. Guck).

Hauptwachstraße

Die linke Gebäudereihe der Hauptwachstraße fiel wegen der Inbetriebnahme der elektrischen Straßenbahn im Jahr 1897 komplett der Spitzhacke zum Opfer. Die von Alois Erhardt fotografierte Ansicht zeigt die Situation um 1896 mit Blick zur Ludwigs-(Ketten-)brücke. Der verkehrsberuhigte Ausbau des Bereichs rund um die in filigraner Stahlbautechnik errichtete neue Kettenbrücke fand mit der Verkehrsfreigabe Anfang Dezember 2010 seinen Abschluss.

Kettenbrückstraße

Das direkte Eingangstor zur Inselstadt ist die Kettenbrückstraße mit der den Main-Donau-Kanal überspannenden Kettenbrücke (früher Ludwigsbrücke). Die vom „Bauwurm" besessenen Schönborn-Bischöfe planten den Straßenzug im 18. Jahrhundert als Barockachse von der Alten Hauptwache durch die heutige Fußgängerzone, mit schönen Barockhäusern bestückt. Der Weg führte weiter über den Obstmarkt, die Obere Brücke und Untere Karolinenstraße bis zur Neuen Residenz. Das auf der linken Seite des historischen Fotos (Wilhelm Kröner 1910) vorhandene Häuserensemble fiel den Kriegswirren 1945 zum Opfer. Auf dem aktuellen Bild sieht man eine letzte Baulücke, die 2023 geschlossen ist. Für die Bamberger Straßenbahn, deren Schienen links noch zu sehen sind, war diese Zufahrt genau so wichtig wie für die Marktbeschicker in der Königstraße, am Maxplatz und am Grünen Markt.

Auf der Neuaufnahme fällt ein türkisfarbenes Gebäude auf (rechts vor der Brücke), das die Fa. Ducke Inneneinrichtung seit dem Bau Ende der 1950er-Jahre nutzt. Der moderne Baustil war mutig, wurde aber auch stark kritisiert, weil er nicht zum historischen Häuserensemble an der Großschifffahrtsstraße passen würde.

Lange Straße

Dieser Abschnitt der Langen Straße vom Schönleinsplatz in Richtung Obstmarkt (etwa in der Bildmitte) erfuhr im Verlauf seiner Geschichte etliche Veränderungen. Wir konzentrieren uns auf das Schwarz-Weiß-Foto aus dem Jahr 1955. Erst später entstand durch einen Abbruch das Gebäude der Kreissparkasse. Ein weiterer Abriss brachte nach der Fusion mit der Stadtsparkasse weitere Änderungen mit sich. Die Sparkasse konzentrierte sich danach auf ihr Hauptgebäude am Schönleinsplatz und plante seit Anfang 2016 das „Quartier an der Stadtmauer" mit Hotel, Geschäftsgebäuden und Wohnungen bis hin zur Franz-Ludwig-Straße und Promenade, das 2019 fertiggestellt wurde. Dabei wurden Reste der Stadtmauer und einer ehemaligen Mikwe (jüdisches rituelles Tauchbad) mit einbezogen. Wir sehen auf dem aktuellen Foto am linken Rand den erwähnten Neubau mit kantigen Fensteröffnungen an der Langen Straße anstelle der alten Sparkassengebäude.

HORANDO.
ROLEX · OMEGA · BREITLING · IWC · TAG HEUER

Am Ludwig-Donau-Main-Kanal

Das noch vorhandene Endstück des Ludwig-Donau-Main-Kanals (1846 in Betrieb genommen) mit der letzten noch betriebsfähigen Schleuse 100 mündet ein paar hundert Meter weiter beim Alten Rathaus und der ehemalischen Fischersiedlung Klein-Venedig in den linken Regnitzarm. Nicht nur bei beiden Kranen am Alten Rathaus, sondern auch an dieser Stelle wurden Waren aus schmalen Lastkähnen umgeschlagen, wie man sich beim Betrachten der historischen Aufnahme aus dem Jahr 1900 denken kann. Die Flößerei hatte damals noch große Bedeutung. Nach dem Knick der Straße Am Kanal am oberen Bildrand sind mehrere bedeutungsvolle historische Gebäude angesiedelt (nicht im Bild). Ein besonderer Blickfang ist das Anwesen Obere Brücke 10 samt integrierter Kapelle. Es weist in drei Arkaden ausgebildete Holzgalerien auf. Keller und Erdgeschoss sind bereits um 1400 entstanden. Die Überlegungen für einen Kanalbau gehen bereits auf die Zeit im 1800 zurück, als der Stabschef der französischen Armee, Jean Desolles, für eine schiffbare Verbindung zwischen Donau und Rhein plädierte. Aber erst am 13. Oktober 1825 konkretisierten sich die Pläne und König Ludwig I. beauftragte Oberbaurat Heinrich Freiherr von Pechmann mit der Planung. Ein Gesetz aus dem Jahr 1834 war die rechtliche Grundlage für die Ausbaumaßnahmen mit beidseitigen Leinpfaden. Nach der Teileröffnung des Ludwig-Donau-Main-Kanals zwischen Nürnberg und Bamberg 1843 fand die große Eröffnungsfeier drei Jahre später in Erlangen statt.

Die Bebauung ist leider nur teilweise erhalten geblieben, wie auf dem Farbfoto unschwer zu erkennen ist. Anstelle von Last- und Floßschiffen laden jetzt zwei venezianische Gondeln Touristen wie Einheimische zu gemütlichen Fahrten bis zur ehemaligen Fischersiedlung Klein-Venedig ein.

Obere Königstraße

Die Obere Königstraße ist nach König Ludwig I. von Bayern (1825–1848) benannt. Ursprünglich wurden die Obere und Untere Königstraße sowie die Siechenstraße unter dem Namen Steinweg geführt. Die Obere Königstraße war einst Teil des Fernhandelsweges von Lübeck nach Regensburg. Im 13. Jahrhundert war hier schon teilweise Besiedlung. An der Handelsstraße entstanden viele Brauereien und Gasthäuser. Auf dem alten Bild von 1929 laufen die Vorbereitungen für ein Motorradrennen. Auf Höhe der Brauereien Spezial (rechts) und Fässla (links) baute man einen Übergang für die Zuschauer während des Rennens. Auf dem aktuellen Bild erkennt man auf der rechten Seite das Deutsche Haus, Obere Königstr. 4, ehemaliges Hotel, Poststall und Restaurant. Es wurde

von Paul Röhring auf der Brandstätte des vormaligen Gasthofes zum „Goldenen Einhorn“ erbaut. Die Eröffnung der fürstlichen Absteige erfolgte 1829. Die Stallungen boten Platz für 90 Pferde. Das Deutsche Haus war Unterbringungsort für Tillys Feldartillerie im Dreißigjährigen Krieg (1618–48). Ab 1946 war das Deutsche Haus Schüler- und Studentenheim, lange Jahre Mensa und Volksküche. Nun ist es schon eine seit vielen Jahren mit modernen Medien ausgestattete Bücherei. Im Hintergrund ist das Casino mit den Luitpoldsälen an der Ecke zur Luitpoldstraße zu erkennen.

Luitpold-Apotheke.
Luitpold
Apotheke
Apotheke.
Apotheke.
CIGARREN.

Luitpoldstraße

Die Luitpoldstraße, die von der Luitpoldbrücke bis zum Bahnhof reicht, wird seit 1887 so genannt. Davor hieß sie aufgrund der umgebenden Felder „Knoblauchsgasse", dann bis etwa 1895 „Eisenbahnstraße". Ältere Bamberger und Bambergerinnen nennen sie bis heute neben Luitpoldstraße gleichwertig Bahnhofstraße. Die Straße wurde nach dem Bau des Bahnhofs auf den Gärtnerfeldern notwendig, da die Stadt anfangs nur über die Theuerstadt, die Königstraße oder die Mittelstraße, die Letzengasse und die Kettenbrücke zu erreichen war. Zu diesem Zweck wurden auch die Gebäude des ehemaligen Gertraudenspitals (an der späteren Luitpoldkreuzung) abgebrochen. Luitpoldbrücke und Luitpoldstraße sind nach Prinz Luitpold von Wittelsbach, Prinzregent (1886–1912) von Bayern (*1821 Würzburg, † 1912 München) benannt. Prinzregent Luitpold war der jüngste Bruder von König Maximilian II. von Bayern (in München *1811, † 1864). An der ersten Ecke auf dem alten Bild von 1895 von Alois Erhardt biegt man links in die Mittelstraße ab. Am gegenüberliegenden Eck ist die Luitpoldapotheke. Dr. Werner Bolling (1904–1988) war der ehemalige Inhaber der Luitpoldapotheke, bekannt und hochgeschätzt als Pilzberater. Er promovierte mit 61 Jahren. Bevor man zur nächsten Abzweigung in die Heiliggrabstraße kommt, passiert man auf dem aktuellen Bild das Hotel National, das vielen Bambergern durch das im Eckbau etablierte Restaurant „Roma" in bester Erinnerung ist (später Drogeriemarkt, heute wieder ins Hotel integriert). Eine der ersten Pizzerien in Bamberg war das „Roma" als das führende Pizza-Lokal: weiße Tischdecken und zwei Ober in Schwarz (Franco und Paolo) und dazu Pizzen von höchster Qualität. Der Chef hieß Giovanni Cerbini. Am rechten Bildrand erkennt man das Hochhaus des früheren Überlandwerkes Oberfranken.

Mußstraße – Kaliko und Konzerthalle

Von einer „Färberei, Bleich- und Appreturanstalt“ zur Hochkultur war ein langer Weg. Am 1. Juni 1863 gründete Karl Wiecking die Firma, die als „Bamberger Kalikofabrik“ mit wechselnden Unternehmensformen und Eigentümern einen großen Teil des Geländes an der Regnitz beanspruchte. Eine kontinuierliche Weiterentwicklung und Vergrößerung war am Standort im Lauf der Zeit nicht möglich. Daher lagerte man 1988 nach Verhandlungen mit der Stadt Bamberg den Betrieb in die Kronacher Straße aus. Bucheinbandstoffe, Rollostoffe, Sonnenschutzstoffe, Trägergewebe für Schleifmittel und technische Textilien werden hergestellt. Nach dem Abbruch der umfangreichen Bausubstanz – mit Ausnahme des Ziegelbaues – ging man das Projekt Konzerthalle an. Zwischen 1999 und 2004 erfolgte die Sanierung des Ziegelbaues für einen Gastronomiebetrieb. Außerdem ergab sich eine gute Gelegenheit, ein in Schiffsform gebautes Hotel samt Tiefgarage in die Anlage zu integrieren. Das Schwarz-Weiß-Foto mit dem Fabrikbau wurde im Juli 1988 aufgenommen.

Die neue Konzerthalle „Sinfonie an der Regnitz“ befindet sich an der Mußstraße in Verlängerung der Straße Weide und wurde 1993 mit einem Bauvolumen von damals rund 60 Mio. DM errichtet. 2009 vergrößerten

zwei gläserne Anbauten den Foyerbereich. Die Konzerthalle besitzt zwei Säle: Den Joseph-Keilberth-Saal mit knapp 1400 Sitzplätzen. Er wurde nach dem berühmten Dirigenten der Bamberger Symphoniker (1950–1968) benannt. Die große Jann-Orgel mit dem filigranen Orgelprospekt als Blickfang verfügt über zwei Orgeltische, vier Manuale, 74 Register, 5830 Orgelpfeifen und ist eines der größten Instrumente in europäischen Konzerthallen. Die Akustik des Saales wurde 2008 durch den japanischen Akustik-Designer Yasuhisa Toyata überragend optimiert. Der Hegelsaal kann mit bis zu 700 Plätzen ausgestattet werden. Somit konnte das Weltklasseorchester „Bamberger Symphoniker – Bayerische Staatsphilharmonie“ nach fast 47 Jahren im unzulänglichen Provisorium „Kulturraum“ (ehemalige Dominikanerkirche) eine angemessene Heimstatt finden.

Ein origineller Einfall des Orchesters war es, auf einem Schiff spielend von der Ablegestelle am Leinritt zur neuen Konzerthalle an der Mußstraße zu schippern.

Alte Hofhaltung – Dom

Die Alte Hofhaltung am Domplatz, ehemalige Pfalz Heinrichs II., gilt als die Keimzelle Bambergs. Bereits im 10. Jahrhundert wird sie als Ort einer Babenberger Burg genannt. Das einst mit dem Dom verbundene Geviert zeigt Gebäudeteile aus verschiedenen Jahrhunderten. Die Alte Hofhaltung war der Ort für Reichstage im 12. Jahrhundert und für ehemalige Wohn- und Wirtschaftsgebäude der bischöflichen Hofhaltung des 15. Jahrhunderts. Die spätgotischen steilen Dächer mit Zwerchhäusern dienten zur Vorratshaltung und zum Beladen. Die Wohnungen mit Laubengängen, die bis in die 1960er-Jahre bewohnt waren, werden heute teilweise vom Historischen Museum genutzt. Die drei historischen Zeugnisse im Innenhof sind: die Schmiede, der Brunnen und die einstige Gerichtslinde. Für die Calderon-Festspiele des Theaters (Juni/Juli) wird die Alte Hofhaltung seit 1973 als Spielstätte genutzt. Bestimmende Gebäudeteile der Alten Hofhaltung sind: die Ratsstube, das Reiche Tor (vom Steinmetz Pankraz Wagner), die Eckkapellen: St. Andreas- (Domnähe), St. Thomas- und Katharinenkapelle. Die Dombauhütte und der barocke Pferdestall befinden sich ebenfalls in Gebäudeteilen der Alten Hofhaltung. Ab 1962 musste man die 45 Wohnungen, die durch die hohe Flüchtlingszahl nach dem Krieg benötigt wurden, auf Anordnung der bayerischen Versicherungskammer räumen. Der Domplatz, vormals Karolinenplatz, war der Hauptplatz des mittelalterlichen Bambergs, ehemals mit der „Tattermannssäule", die unter Heinrich als Mittelpunkt des Heiligen Römischen Reiches deutscher Nation verstanden wurde (1779 abgebrochen). Der Domplatz war im frühen Zustand der „Babenburg" der Burgplatz inmitten der gräflichen, später königlichen Burgbauten und der Dom- oder Burgkirche. 1776 erfolgte eine „Sanierung" des Domplatzes und

Tieferlegung des Platzniveaus sowie ein Abtrag des steilen Zugangs über die heutige Untere Karolinenstraße. Man war der Meinung, die Baulichkeiten am Domberg kämen dadurch besser zur Geltung. Die angefallene Erde und der Schutt wurden zur Auffüllung des Stadtgrabens im Bereich der heutigen Promenade verwendet. Im 19. Jahrhundert wurde die Barockausstattung des Domes vollständig entfernt (Dom-Purifizierung) und die vermeintliche romanische Reinheit wiederhergestellt. Der Bamberger Dom ist Grabeskirche eines Kaiserpaares, eines Königs und eines Papstes.

Auf dem alten Foto von 1930 stehen große Umzugswagen der Fa. Nicolaus Ibel vor der ehrwürdigen Kulisse der Alten Hofhaltung. Rechts erkennt man das Eck der Neuen Residenz mit den herausragenden Steinen, wo die Vierflügelanlage erweitert werden sollte. Auf dem aktuellen Foto ist der Blick auf die Alte Hofhaltung frei. Die Ratsstube auch Kanzleibau genannt, Teil der Alten Hofhaltung, im 16. Jahrhundert im Renaissancestil geschaffen, Hauptmerkmale der Renaissance an der Ratsstube: der Giebel und der asymmetrische Erker; erbaut von Erasmus Braun, der sich unter dem Erker mit seinem Steinmetzwerkzeug selbst darstellt. Caspar Vischer und Daniel Engelhard waren mit der Planung befasst. Die Ratsstube beherbergte einst den bischöflichen Ratssaal, darüber die Fürstenzimmer; heute Teil des Historischen Museums. Weiter nach rechts das schon beschriebene Reiche Tor und die übereinander angeordneten Thomas- und Katharinenkapelle. Nun verengt sich der Domplatz zur bergwärts weiterführenden Oberen Karolinenstraße (früher „Bürg“).

Äußere Löwenstraße

Die Äußere Löwenstraße reicht von der Löwenbrücke bis zur Siechenstraße. Auf dem alten Bild von 1919 erkennt man rechts zwei kleine Gärtnerhäuser. Auf der linken Seite erscheint wenig eindrucksvoll die Brauerei „Zum Goldenen Löwen". Erster Braumeister dürfte der aus Trunstadt stammende Büttner Ägyd Stumpf gewesen sein, der das Brauhaus im Jahr 1632 eröffnete. Im Jahr 1887 übernahm Nikolaus Lunz die Braustätte und führte diese lediglich über eine Dauer von vier Jahren. Bereits am 1. Mai 1891 meldete seine Ehefrau Kunigunde die Brauerei ab. In den folgenden Jahrzehnten bleibt der „Goldene Löwe" (beide Namen sind gängig) als Gasthaus erhalten. Noch heute zeugt die Fassadenaufschrift von der Jahrhunderte alten Gastlichkeit des Hauses. Auf dem aktuellen Foto erkennt man links die Arkaden der einstigen Brauerei „Zum Goldenen Löwen". Rechts sind an Stelle der Gärtnerhäuser kleine Wohnhäuser entstanden. Das Eckhaus rechts beherbergte die Bäckerei Weber. Im Hintergrund sieht man die erneuerte Löwenbrücke, davor rechts den Abzweig zum Margaretendamm. In den 1960er-Jahren drohte der Löwendurchbruch, amtlich „Durchbruch Mitte", ein geplanter Straßendurchbruch von der Äußeren Löwenstraße in Richtung Bahnhof. 88 Häuser sollten dem Löwendurchbruch zum Opfer fallen. Anlieger mussten sich lange einem Bauveränderungsstopp (Verbot baulicher Veränderungen an den Häusern auf Jahre) unterwerfen. Die betroffenen Bürger, vor allem die Gärtnerschaft, protestierten heftig gegen die Maßnahme. Es kam zum Glück nicht zum Durchbruch. Nähere Ausführungen dazu lesen Sie bitte auf Seite 80.

Dominikanerstraße – Obere Sandstraße

Die Sandstraße ist ein Straßenzug in Bamberg, direkt unterhalb des Domberges und des Michelsberges. Das umliegende Sandgebiet ist Kern der Bamberger Altstadt. Die Sandstraße ist das Herz der Sandkerwa, des bekannten Bamberger Altstadtfestes Ende August. Die Sandstraße beginnt als Obere Sandstraße am Katzenberg, einem steilen Plätzchen direkt unterhalb des Domplatzes in direkter Verlängerung der Dominikanerstraße, die an der Unteren Brücke beginnt. Etwa 150 Meter nach dem Katzenberg biegt die Obere Sandstraße scharf nach rechts (Osten) um und öffnet sich sogleich wieder nach links (Norden) in den Elisabethenplatz mit der Elisabethenkirche vor der Justizvollzugsanstalt. Danach führt sie als Untere Sandstraße weiter zur Auffahrt der Markusbrücke über die Regnitz und zieht sich noch etwa einen halben Kilometer unterhalb des Michelsberges entlang, bis sie in Höhe der Ein-

mündung von Leinritt und Maienbrunnen in die Schweinfurter Straße übergeht. Auf dem alten Foto von 1931 sind von rechts teilweise das Schlenkerla (Rauchbier, seit 1678), die einst Fürstbischöfliche Hofbäckerei (Johann Büttner) und die Fa. J. Mich. Mahr (Weinbrennerei und Likörfabrik, gegr. 1819) zu erkennen. 1844 übernahm Joh. Michael Mahr das Geschäft, nach ihm erfolgte auch die Firmierung „J. Mich. Mahr". Nach dem Rezept der kräuterkundigen Benediktiner stellte die Traditionsfirma den „Alt-Bamberger Kloster-Kräuter" her, der zum Aushängeschild der Mahr'schen Erzeugnisse wurde. Auf dem aktuellen Foto ergibt sich ein schmaler Blick in die Kasernstraße, dann das zum Ambräusianum umgewandelte Mahr, die schon genannte einstige Hofbäckerei (heute Bäckerei Seel, Filiale) und das Schlenkerla, das vom ehemaligen Dominikaner-Kloster Räume dazugewonnen hat.

Habergasse

Wenn man auf einen Stadtplan schaut, kann man kaum glauben, dass die Habergasse aus zwei separaten Abschnitten besteht. Von der Langen Straße führt zwischen Obstmarkt 12 und Lange Straße 2 ein sehr schmaler, nur für Fußgänger geeigneter Teil in den Abschnitt, der ab Generalsgasse dann mit einem Knick bei der Einmündung Am Kanal (ehem. Ludwigskanal) endet. Der schmale Teil wurde im Mittelalter als „Gäßlein zum Zinkenwörth“ oder „Lämmleinsgasse“ bezeichnet, der breitere Teil ab Generalsgasse als „Zwerchgasse“. Kegelbahngasse war der einstige Spitzname für die Generalsgasse, deren Eingang an der Langen Straße bis Mitte des 18. Jahrhunderts mit Schwibbögen überbaut war. Durch den Bau höherer Gehsteige entstand die Verengung.

Das Bild auf der linken Seite zeigt den Blick aus Richtung Generalsgasse zum engen Teil Richtung Lange Straße im Jahr 1930. Auf dem Farbfoto erkennt man die Weinstube Rückel, Habergasse 4, in der Engstelle an der orangenen Fassade und ihrem geschmiedeten Ausleger. Das Anwesen fand bereits 1363 als Badestube im Besitz von

Fortsetzung auf der nächsten Seite

Zinngießerei Peter Pretti

Anna Eichnagel Erwähnung. 1705 kam das Haus in jüdischem Besitz und wies als Besonderheit im frühen 19. Jahrhundert eine sog. „Judentauche“ (rituelles Frauenbad) auf. Nachdem das Gebäude 1945 bis auf die Fassade zerstört worden war, wurde es 1953 durch das Bauunternehmen Nikol als dreistöckiges Wohn- und Geschäftshaus neu errichtet. Die heute vorhandenen, abgebildeten Gebäude in der Gasse wurden zwischen dem 18. und 20. Jahrhundert errichtet.

Auf dem Foto von S. 60 in Blickrichtung Generalsgasse steht links das auffällige Gebäude der ehemaligen Zinngießerei Peter Pretti.

Am Ende des Straßenzuges erkennt man ausschnittweise ein Anwesen des 1992 fertiggestellten Geschäfts- und Wohnviertels Theatergassen. Vorher war dies das Betriebsgelände des St. Otto-Verlages.

Schillerplatz

Der Schillerplatz beginnt neben dem Eckhaus zum Zinkenwörth mit einem sehr imposanten Gebäude, wie das Foto von 1900 anschaulich zeigt. Beide Gebäude sind im 18. Jahrhundert entstanden. Das Haus Nummer 4 mit Satteldach, reichem Fassadenschmuck und einem aufwändigen Eingangsportal ist seit 1937 Sitz der Kreishandwerkerschaft und wird als „Haus des Handwerks“ bezeichnet. Bis zum Jahre 1816 wohnten darin fürstbischöfliche Beamte, bevor es ab 1840 Sitz der Kanalverwaltung des Ludwig-Donau-Main-Kanals (später Straßen- und Flussbauamt) wurde. Von 1857–1907 beinhaltete es ein Postamt. Die Bildhauerarbeiten werden Leonhard

Gollwitzer oder Johann Caspar Metzner um 1720 zugeschrieben. Im Hintergrund (Bildmitte rechts) ragt eine kleine Häuserzeile ins Bild. Diese Gebäude wurden Mitte der 1980er-Jahre abgerissen und durch Neubauten im Bereich der „Theatergassen“ ersetzt. Auf der rechten Seite sieht man einen Teil Harmoniesäle des E.T.A.-Hoffmann-Theaters. Das Gebäude hatte für Bayern eine besondere Bedeutung, denn am 12. August 1919 wurde die erste demokratische Verfassung des Freistaates Bayern, die „Bamberger Verfassung“, unterzeichnet. Daran schließt sich das 2003 generalsanierte Theater mit beeindruckender gläserner Eingangshalle an.

Balthasargässchen

Der Name Balthasargässchen erinnert an das ehemalige Brauhaus „Zum Balthasar". Es reicht von der Schranne bis zum Kaulbergfuß, links zur Judenstraße, rechts zum Pfahlplätzchen. Der Name Balthasar erinnert auch an das jüdische Leben in Bamberg, das mit der Geschichte des Fürstbistums verknüpft ist. Erste jüdische Zuwanderer sollen bereits bei der Gründung des Bistums im Jahre 1007 in den Ort gekommen sein. Ab der zweiten Hälfte des 12. Jahrhunderts gab es dann eine jüdische Gemeinde, zu der „viele Gelehrte und reiche Leute" gehörten. Sie zählte mit ihrer von Samuel ben Baruch von Babenberg gegründeten Talmudschule damals zu den bedeutendsten jüdischen Gemeinden in Deutschland. Der mittelalterliche Bamberger „Judenhof" – wie das kleine Viertel genannt wurde – lag im Bereich von Balthasargässchen, Schranne, Judenstraße und Pfahlplätzchen; dort befanden sich nicht nur die um 1220 entstandene Synagoge (nach früheren Umbauten heute im Privatbesitz), sondern auch Schul- und Gemeinderäume und ein öffentliches Tanzhaus. Vermutlich war dort auch das rituelle Tauchbad. Der „Judenhof" bildete im beginnenden 14. Jahrhundert das Zentrum der spätmittelalterlichen Judengemeinde. Im Sommer 1298 fiel die Gemeinde der so genannten „Rindfleisch-Verfolgung" zum Opfer; mehr als 120 Männer, Frauen und Kinder wurden gefoltert, erschlagen oder verbrannt. Das alte Foto von 1983 von Heinrich Altmann zeigt noch ein echtes Gässchen. Aus verkehrstechnischen Gründen war das Pfahlplätzchen ein Nadelöhr. Dort gab ein Polizist von einem Häuschen aus den Berg- und Talfahrern im Wechsel freie Fahrt. Das aktuelle Foto zeigt, dass unter Opferung des Hauses „Zum Marienbild" die Durchfahrt nun über das erweiterte Balthasargässchen vom Unteren Kaulberg zur Schranne erfolgt. Das Pfahlplätzchen wurde zum Fußgängerbereich. Am Ende des Gässchens erkennt man das Studentenwohnheim „Romanischer Turm".

Siechenstraße

Das alte Foto von 1925 zeigt eine Front ziemlich gleich hoher bürgerlicher Reihenhäuser. Die Gleise stammen von der in Bamberg 1897 bis 1922 mit drei Linien fahrenden Straßenbahn. Linie 2 fuhr vom Theresienhain über Schönleinsplatz und Grünen Markt zum Friedhof. Gärtnereien, Handwerksbetriebe und verschiedene Geschäfte prägten das Straßenbild. Auf dem aktuellen Bild erkennt man links die Abzweigung in die Mittelstraße. Rechts überragt nach dem flachen Anwesen, wo früher hinter einem Mäuerchen noch ein Gärtner-Hausgarten mit Treibhaus war, ein Spitzgiebel eines Neubaues aus dem Jahr um 1980 die Szene. Er trat an die Stelle des reizvollen Wirtshauses „Grüner Baum" (1977 abgerissen) mit Innenhof und zahlreichen Wohnungen an der Siechenstraße/Einmündung Gasfabrikstraße. Der kleine Platz wird nach dem ehemaligen Wirtshaus immer noch „Grüner Baum" genannt. Es entstand ein Zweckbau für die überwiegende Nutzung durch Apotheke, Arztpraxen, Gastronomie und Wohnungen. Die Siechenstraße war einst Teil der berühmten Karolingischen Handelstraße, die man auch Bernsteinstraße nannte. Sie reichte von der Unteren Königstraße (früher Metzgerei Haas, jetzt ein Radladen) bis zum Judenfriedhof links von der Sebastianikapelle; dort geht sie in die Hallstadter Straße über. Der Liebfrauen-Siechhof (zwischen Gönninger- und Sebastianikapelle) war ein ehemaliges Siechenhaus mit Kapelle zu „Unserer lieben Frau". Liebfrauen-Siechhaus, Frauen-Siechhaus oder Maria-Siechhaus waren Armen- und Krankenhäuser im mittelalterlichen Verständnis. Wie alle Siechhäuser des Mittelalters lagen sie außerhalb der Tore der Stadt (Tor bei Siechenstr. 72), um keiner Ansteckungsgefahr ausgeliefert zu sein. Die Bamberger Siechenhäuser gaben der Straße ihren Namen.

Konrad Hölzlein
Schlossermeister

Dä „Grün Baam“

Dä „Grün Baam“ – des wor a mehrdeuticha Bezeichnung. Zum an wor's dä klaa, leider fast ganz verlor'n Platz o dä Einmündung Gasfabrikstroß' nei die Siengstroß', bäherrscht vo' an Baam. Zum andern wor's des Gasthaus „Zum Grüna Baam“, wu heut' die Lindenapothek'n steht. Dä „Grün Baam" wor aanäseits a allgemein verständlicher und oo'gänummenä Treffpunkt, andrerseits aa a beliebt's Gasthaus aa vo' die Untern Gärtnä. Aa so mancha Handwerksleut' aus'n Stodtteil sin gern nei'ganga. Mei' Großvottä, dä Neubauer's Andres, a gebürtichä Frank'nwäldler, wor dem Kart'nspiel'n recht zugätoo und wor aa öfter dort. Mer konn soong, eä wor Stammgast. Jed'n Sunntoochfrüh is ä zum Frühschopp'n nein „Grüna Baam". Benno Schubert hot dä Gastwirt kaaßn – iech siech na heut' nuch leibhaftich vor mer steh' – eä is halt früh manchmol net aus die Federn kumma, walls am Oomd recht spät worn is, bis ä nei seina Krätzn kumma is. Sei' Fraa hot des örschta Frühschopp'ng'schäft obgäwick'lt, und donn is dä Benno scho' aa nuch erschiena. Eines Sunntoochs hot mich mei' Opa mit zum Frühschopp'n gänumma. Wie ä gemerkt hot, dass dä Benno nuch g'schloofm hot, hot ä mich 4-Jährich'n g'haaßn, die Trepp'n naufzerschreia: „Benno, olta Schloofkapp'n, steh' auf!" Gesagt, getan. Und dä Benno is donn scho' aa kurz drauf runtäkumma, hot mer aa niggs gätoo. So is zuganga in vertrauter Umgebung. Doo hot sich kaans weiter wos gädocht. Den 4-Jährich'n hätt' i kenna gämöcht, wuu des net für sein' Großvottä gämacht hätt'. Aber so wos gibt's heut', glaab i, nimmä.

Fasching in Grüna Baam

(Überliefert von Wilhelm Dorsch)
Dä Grün Baam wor a in dä Näh vo dä Ottokärng a beliebts Gasthaus für die Gärtner und Handwerker un aa andera Leut. Dä Benno wor dä Gastwirt. Eä wor a guudä Wirt, deä sei Sach in Griff g'hobt hot. Zu dä Faschingszeit wor natürlich aa im Grüna Baam wos los. Es hot ja immä Stammgäst sowie an oddä zwaa Vereine geem, di wuu in Grüna Baam verkehrt sin. Und doo is aa ab und zu a Kapp'n-Oomd oo'gäbot'n worn. Kapp'n-Oomd desweechä, wall a jeedä a Kapp'n auf sein' Kopf aufg'setzt hot, die meist'n freiwillich – bloß a poor hom sich geziert. Wer kana däbei g'hobt hot, der hot bein Benno aana erwerb'n könna. Des wor also scho lustich, wenn si dann ihra Kapp'n aufg'setzt hom. A manchä mit sein' groß'n Klößkopf hot ausgärech'nt des klänsta Käppla auf sein' Gärb'l g'hobt. Und doo is die Stimmung scho a wengla g'stieng. Wenn dann des Tanz'n oo'ganga

is, is es immä lustichä worn. Do hot mä sich nuch net so orch gäziert wie heut'. Die Frauen worn natürlich aa gut drauf. Wennst di aa long gewehrt host, spätest'ns bei dä Damenwahl worst dann reif. Wennst dann nuch a weng Pech g'hobt host, hot die aana mit zwaa Zentner zum Tanz g'holt und dich dann rumgädreht und rumkaut, dass deäs ganz andersch worn is. Wenn's dann g'haß'n hot: Dä Moo trächt die Dame an die Bar, dann wor des Kraut gor fett und du host nix mehr zer lach'n g'hobt. A manchä – aa scho a weng oo'g'heitert – is unter dä Last vo seina Tanzpartnerin zamgäbroch'n zur Gaudi vo die andern. Es hot obbä aa Weiber geem, die hom ihr'n Tanzpartner selbä zu dä Bar gätrong, denn auf an Schnaps wollt' kana verzicht'n. Bein Tanz'n selbä hot mä scho gsääng, die sin a ei'g'spielt's Päärla und mancha sin halt gor net zä recht kumma. Einicha Frauen hom di so noo ihr'n Bus'n gädrückt, dass deäs ganz andersch worn is. Do is aa scho mol a Küssla ausgätauscht worn, bis manchmal aanä eifersüchtich worn is und sei Fraa unter Gezeter aus'n Verkehr gäzoong hot. Oft is bis nei die Früh' ganga. Einicha worn immä nuch fit, einicha scho widdä, während widdä andera scho ihr'n Rausch ausschlof'n gäwollt hom. Obbä do hot dä Benno gsocht: „Dein Rausch konnst aa däham ausschlof'n!“ Wenn dä Fasching zä End ganga is, hot mer än Fasching begroom. Des war a lusticha Zeremonie, wos aa durchaus hintersinnich und aa bei manch'n mit ernster Miena, so weit's ganga is, ausg'führt worn is. On Faschings-Dienstooch, on letzt'n Tooch von Fasching, is immä hoch herganga und die Stimmung hot sich bis zwölfa g'steigert. Vorher worn scho die Vorbereitunga für die Beeerdichung von Fasching gätroff'n worn. Und dann is sich aufg'stellt worn.Voraus, wie sich's g'hört dä Sorch. A umgedrehtä Tisch und do drinna wor di Leich gälääng. Wenn di Leich' Glück g'hobt hot, worn a Deck'n oddä a poor Sitzkissla drinna, wuu mä drauf gälääng wor. Die Leich' wor a stark oo'gheitertä Moo, deä mehr oddä wenichä freiwillich bereit wor, do mitzämach'n. Über na war a Folie oder a olda Deck'n ausgebreit'. Dä Tisch is vo vier Mann gätroong worn, die meist'n scho a weng oo'g'heitert und es is aa scho mol vorkumma, dass dä Sorch während den Trauerzuch nunterg'flong is. Hintern Sorch is, wie sich's g'hört dä Pfarrä kumma. Eä hot an Umhang aus ana Tischdeck'n umg'hobt und wor ausg'stattet mit an Aamä Wassä und anä Klo-Börscht'n. Dänooch is die Trauergemeinde kumma. A bunter Hauf'n lustichä, oo'g'heitertä Mensch'n, die sich teils vergeblich bemüht hom, ernsta Miena zer mach'n. Dä Trauerzuch is aus dä Gaststätt'n nein Hof gäzoong und dort hot dä Pfarrä sei Trauerred' g'halt'n, die's in sich g'hobt hot. Oo'ganga is so: Dä Pfarrä hot an longa, mit Haar' übersät'n Weihwasserpins'l. Die Trauergemeinde is immä lustichä worn. Während dä Trauerred' hot dä Pfarrä mit sein' Weihwasserpins'l den Hing'schiedena kräftich mit Wasser ei'gäwaacht. Obbä aa die lustich Trauerg'sellschaft, die schod'nfreudich des registriert hot, hot aa ihr'n Taal obgricht und is aa ausgiebich gseengt und ei'gäwaacht worn. Es is scho um den verblichena, sprich Fasching gätrauert und gäjammert worn, denn für vill worn jetzert widdä andära Zeit'n oo'g'socht. Die Trauerred' hot net long gädauert und a manchä, deä on Sorch sei' Beileid ausg'sproch'n hot, hot sei' Naachäla Bier mit nei'n Sorch g'schütt'. Deä in Sorch wor noss und die Trauertrupp'n hot nuch ans oddä zwaa gätrunk'n und wenn ä nuch aans vertrong hot, hot dä Beerdicht' aa nuch aans gricht, bis dä Benno a Machtwort g'sproch'n hot.

„Schneck, Schneck“!

Auf dä Allee jenseits vom „Fohrrad-Schumm“ hot aa a Gärtnä namens Schumm gäwohnt. Die zwaa worn Brüdä, die sich den tiefä gelegena Hausgart'n, deä wu die „Insel“ weitgehend beherrscht hot, gätaalt hom. Miä homm allädings, wahrscheinlich durch Weitäsoong, ner bloß sein' Gärtnäspitz- oddä Hausnoma gäkennt und deä wor: „Schneck“. Auf unserm Weg alla Tooch nei dä Luitpoldschul' sin miä en „Schneck“ öftä bägeengt. Und wall Kinnä a fein's G'spür däfür hom, wann sich aans ärgert oddä net oddä wer sich gut trätz'n lässt, hom miä schnell gämerkt, dass dä „Schneck“ a willkommen's Opfä wor. Kaum hom mer na erblickt kobt, hom mer scho' g'schriea: „Schneck, Schneck!“ Und deä hot sich maßlos geärgert und is uns aa oft noochganga. Obbä eä hot uns nie däwüscht. Sehr wahrscheinlich därf mer oo'nehma, dass dä „Schneck“ die Schulkinnä net grod gämöcht hot. Des hot mer na aa wirklich net verdenk'n könna.

Siechenstraße – Memmelsdorfer Straße

Die Memmelsdorfer Straße reicht von der Ottokirche bis an die Stadtgrenze Richtung Memmelsdorf. Heinrich Altmann fotografierte 1985 den Beginn der Memmelsdorfer Straße etwa auf Höhe der Ottokirche. Von links erkennt man die Anwesen der beiden Brüder Schumm mit den tiefer gelegenen Hausgärten. Der eine der beiden Brüder war Fahrradhändler, rechtes Anwesen, der andere war Gärtner, linkes Anwesen. Die frühere Straßenführung Memmelsdorfer Straße war halbrechts von der Siechenstraße abbiegend. Hier präsentiert sich ein wunderbares Ensemble an Häusern. Gleich vorne am Eck, wo man noch eine Einfahrt vorfindet, war die ehemalige Metzgerei Amtmann. Dort entstand etwa in den 1980er-Jahren das beliebte Lokal „Zum Zwiebeltreter", das es leider nicht mehr gibt. Die typische Gestalt der Memmelsdorfer Straße ist noch teilweise am Stück zwischen Kreuzung Heiliggrab- und Gundelsheimer Straße und Kreuzung Coburger und Ludwigstraße zu erkennen. Da liegen stadtauswärts links und rechts noch einige Gärtnerhäuser mit Einfahrten zu den Haus-

gärten. Auf dem jüngeren Foto zeigt sich durch die Kreuzungsveränderung von 1986 (im Zuge des Jahrhundertwerks Kanalerneuerung) mit Ampelregelung die Abzweigung nur noch als Stichstraße. Der Obelisk mit Entfernungsangaben in einige Nachbarstädte kommt hier besser zur Geltung. Die Häuser und tiefer gelegenen Gärten auf der ehemaligen Insel sind der Spitzhacke zum Opfer gefallen. Eine Grünanlage mit Bäumen lässt nicht mehr erkennen, was hier einst war. Die stattliche Häuserzeile rechts erstreckt sich bis zur Einmündung der Heiliggrabstraße in die Memmelsdorfer Straße. Besonders erwähnenswert ist Haus-Nr. 2 c, dessen Inschrift zeigt, welcher prominente Gast in der hinter den Häusern liegenden Böhmerscheune genächtigt hat: Friedrich der Große kam am 19. Juli 1730 als Kronprinz nach Bamberg und stieg mit seinem Vater in dieser Gärtnerscheune ab. Abends speiste er im Gasthof „Großkopf", Obere Königstraße 5. Zehn Jahre später schickte er Truppen ins Hochstift, weil Bamberg im Siebenjährigen Krieg auf österreichischer Seite stand.

Magazinstraße – Siechenstraße

Die Magazinstraße, früher „Ochsenmarkt" genannt, leitete ihren Namen vom einstmaligen militärischen Heumagazin ab, das nach 1803 im ehemaligen fürstbischöflichen Jagdzeughaus eingerichtet wurde. Sie reicht von der Siechenstraße bis zur Europabrücke. Auf dem alten Foto von 1985 von Heinrich Altmann erkennt man rechts eine ehemalige Gärtnerscheune mit kleinem Gärtnerhäuschen in der Senke; in der Verlängerung das Fürstbischöfliche Jagdzeughaus und die Fa. Eisen Stäber; links Fa. VW Moosmaier. Auf dem aktuellen Foto wird deutlich, dass das ehemalige Gärtnerhaus im Zusammenhang mit der großen Baumaßnahme (Kanal) 1986 abgerissen und die Kreuzung großzügig erweitert wurde. Das Jagdzeughaus, das als Siechenscheune besser bekannt ist, hat eine interessante Geschichte hinter sich: 1736/37 entstand in Zusammenarbeit von Joh. Jakob

Michael Küchel, Balthasar Neumann und Justus Heinrich Dientzenhofer unter Fürstbischof Friedrich Karl von Schönborn das Jagdzeughaus als Unterstellhalle für Jagdgeräte. Dann war es Reithalle, Glasfabrik, Militärreitschule und Pferdelazarett. Bis heute ist das Fürstbischöfliche Jagdzeughaus nur noch städtisches Lager, was auch den abwertenden Namen wohl erst entstehen ließ. Ein Teilbereich wird seit 1985 als Feuerwehrmuseum genutzt, das von der Löschgruppe 3 der Freiwilligen Feuerwehr betrieben wird. Links erkennen Sie das ehemalige Autohaus Moosmaier, das als Secondhandshop des Kolping-Centers genutzt wird. Im Hintergrund kann man die Stadtwerke ausmachen. Rechts im Anschluss an das imposante Fürstbischöfliche Jagdzeughaus steht ein Wohnblock mit Lebensmittelmarkt.

Memmelsdorfer Straße – Ottokirche

Die Kirche St. Otto befindet sich in der Siechenstr. 61. Sie wurde von 1912 bis 1914 erbaut und zählt zu den prachtvollsten neuen Kirchenbauten in Bamberg. Sie ist bislang die einzige Kirche des 20. Jahrhunderts, die unter Denkmalschutz gestellt ist. Der Architekt Otto Orlando Kurz vermischte in dieser Zeit verschiedene Elemente der Baugeschichte zu einer stimmigen Gesamtkomposition und wollte einen neuen Sakralstil begründen. Die Grundstruktur, besonders in der Gestaltung der Anlage, ist von Anklängen an die Romanik geprägt. Hingegen wurden Fenster und Decke im Stil der Gotik entworfen. Die Kirche erinnert somit von ihrem Erscheinungsbild stark an die historischen Kirchen von Bamberg. Der Halbturm soll dabei an die oftmals nicht vollendeten früheren Kirchenbauten erinnern. Seine geringere Höhe gegenüber dem gewaltigen großen Turm wird heute noch gern zum Gesprächsstoff, dass den Erbauern damals wohl das Geld ausgegangen sei, um diesen Turm ebenso hoch zu gestalten. Dem gegenüber steht eine Art theologische Erklärung, dass im Leben eines Christen auch nicht alles vollkommen

Fortsetzung auf der nächsten Seite

sei. Schon die prachtvolle Fassade versetzt den Besucher ins Staunen. Dazu tragen die großen Reliefs aus Muschelkalk des heiligen Christophorus, der Mutter Maria und ein liegender Engel bei. Durch ein Säulen getragenes Vordach betritt man das Innere der Kirche. Konzipiert wurde die Kirche St. Otto als dreischiffige Basilika. Nach einer gedrungenen Vorhalle öffnet sich das große Kirchenschiff. Sofort fällt die massive hölzerne Giebeldecke auf, die den Schiffscharakter unterstreicht. Am Ende der Seitenschiffe befindet sich jeweils ein Altar, dem hl. Heinrich und der hl. Kunigunde geweiht. Zwischen beiden Seitenaltären erhebt sich in der von außen orientalisch anmutenden Apsis der Hauptaltar des hl. Otto. Somit wurde eine Synergie der drei großen Heiligen von Bamberg hergestellt. Erwähnenswert sind auch die aufwändigen Fenstermalereien. In Chorfenstern werden der Heilige Geist (Pfingstwunder) und die Verkündung Mariens dargestellt. Die sieben Schöpfungstage sind symbolisch in den Fenstern der Apsis aufgeführt. Im Orgelfenster hingegen bildet das Jüngste Gericht den Abschluss und zwar den Abschluss eines Dreiklangs, der dem Inneren dieser Kirche zugrunde liegt: Die Schöpfung in den Fenstern der Apsis, die Erlösung mit dem gekrönten Heiland am Hauptaltar und die Vollendung im Jüngsten Gericht in den Orgelfenstern.

Zum Bild von 1950 von Balthasar Achtziger: Am rechten Bildrand ist ein kleiner Vorgarten der vormaligen Gastwirtschaft Unterland zu erkennen. Bevor einen der Anblick der mächtigen Ottokirche in seinen Bann zieht, passiert man auf der rechten Seite die Luitpoldschule, Memmelsdorfer Straße 7a. Sie wurde 1899 bis 1901 vom berühmten Stadtbaurat Erlwein erbaut. Nach dem 1. Weltkrieg Lazarett, war sie während und nach dem 2. Weltkrieg Lazarett und Unterbringungsort für Seuchenkranke, seit 1949 wieder Schule. Das seit 1986 imposant restaurierte Ensemble zeigt eine asymmetrische Dreiflügelanlage um einen etwa quadratischen Innenhof. Die Dächer haben Fenster aus Holzlamellen und sind dadurch äußerst luftdurchlässig. Bamberger Gärtner trockneten auf den Dachböden Majoran (im Gärtnerdeutsch Mussärol). An der Straße dominieren auf dem früheren Bild die zwei beherrschenden Pavillons, während im aktuellen Foto das Grün der Bäume den Großteil des beachtlichen Bauwerks verdeckt. Die beschriebene Baugliederung ist Ausdruck für die damals übliche Trennung nach Geschlechtern. Daher galt für viele Generationen von Luitpoldschülern und -schülerinnen das geflügelte Wort: „Madla links, Bumm rechts!" Das jüngere Bild zeigt die Kreuzung mit den Abzweigungen Heiliggrabstraße und Gundelsheimer Straße. Die Straßenerweiterung ist als Teil des Regensburger Ringes zu verstehen und hatte die großzügige Kreuzung auf der Siechenstraße Richtung Westen zur Folge.

Kleine Vorgeschichte: Pfarrer Johann Heberlein war von 1914 bis 1964 in der Pfarrei St. Otto tätig. Aus dieser sehr langen Tätigkeit berichtet ein Ministrant folgende Episode.

.A stark's Stück

Seinä Zeit, wie die Patene ei'g'führt worn is, hot sich natürlich aa dä Pfarrä Heberlein dera Neuerung net entzieng gäkönnt. Also hom miä Ministrant'n vo' St. Otto halt aa die Patene bei dä Kommionausteilung mitführ'n gämüsst. Dä Heberlein wor scho' für sei' Schnellichkeit bäkannt. So hot's na natürlich net so recht gäpasst, dass ä doo durch seina Ministrant'n hätt' aufkalt'n wern könna. Also hom mer net vor na, sondern hintä na laafn gämüsst. Wie iech amol zum Ministrier'n droo wor, is aa grood auf die Kommion zuganga. Wie üblich is dä Pfarrä vorausg'saust. Mer is kaum mitkumma, wor ä scho' beim Nächst'n zum Speis'n. Auf aamol is ä, wos ungewöhnlich wor, vor aanä olt'n Fraa mit an luitpoldschaußägewöhnlich groß'n Hut, den wuu mer in Bamberch als an Gewittävätaalä bäzeichna tut, steh' gäbliem. Eä hot sie a weng komisch oo'g'schaut, hot sie ausgäloss'n, um den Nächst'n zu speis'n. Iech hob mer gädocht: „Woos werd denn des?" Eä hot die Gläubig'n als weitä g'speist. Auf aamol sin mer widdä zu dä olt'n Fra mit dem auffällig'n Hut kumma. Woos mächt Pfarrä Heberlein? Eä setzt die Hostie ab, packt die Kremp'n vo' dem Hut vo' dä olt'n Fra, schiebt na nooch oo'm, nimmt die Hostie widdä auf und speist die vädutzt' Fraa. Die orm' Fraa hot gor net gäwisst, wie ra g'schieht, steht vo' dä Kommionbank auf und geht gewohnt ehrfürchtich – mit hoch g'schobena Hut, wie a Cowboy, wuu en Hut im Nack'n sitz'n hot, auf ihr'n Platz zärück. A unvägesslich's Bild, wos sich doo abg'spielt hot. Des wor scho' aana vo' seina größt'n Tat'n, die wuu iech miterlebt hob. Für uns Bäteilichta wor des im Moment ganz lustich, obbä für die orm' Fraa ganz und gor net. Ja, ja, solcha Sach'n hom miä mit unserm Pfarrä Heberlein erlebt. Unglaublich, obbä wahr!

Un doo dävoo könna gor vill Luitpoldä a Lied singa:

Dä „Hauser" oddä „Nusser"

Unter den Noma därfäd'n zermindest vill ehemolicha Luitpoldä männlich'n G'schlechts um die 60 und älter sofort klor sei', wer gämaant is. Hausmaster Schmidt hot's scheinbor gänoss'n, Bumm, wu eä mit Mütz'n auf'n Kopf in Schulhaus oo'gätroff'n hot, in aller Herrgott's Früh' örscht amol onständich zer nuss'n. Eä wor wirklich a Master seines Faches im Verteil'n vo' safticha Kopfnüss'. Jeglicha Art vo' Fehlverhalt'n is mit so aanä Züchtigung bedocht worn. Eä wor alläs andera als beliebt, was kan' wunnern wärd. Mä hod sich reg'lrecht vor na gförcht wechä seiner rigoros'n Art. Manch'n Bumm vo' gestern wärd dä knorrich' Knöch'l vo' sei'n recht'n Mitt'lfinger nuch in leibhaftichä Erinnerung sei'. Oft hot's g'haaßn: „Obocht, dä Hauser kummt", denn den treff'nderen Spitznoma „Nusser" hom mä blos unter uns gäbraucht. Eä hot sei' Unwes'n recht long gätrieb'n, bis aa sei' Zeit verbei wor und eä abgälöst worn is.

„Reviergrenz'n"

Dä Kalb's Alfons wor zwor aus dä Unter'n Gärtnärei, obbä ka Gärtnä wor ä net. Wie die ander'n Junga wor ä halt aa auf am Ball in die Haas-Säl' und hot a Madla beim Tanz'n kennagälernt. Däzwischä muss mer nuch bemerk'n, dass dä Alfons o den Tooch a Poor neua Schuh' oo'kobt hot, die wuu na a weng orch gädrückt hom, wall sie zer eng worn. Wie's so auf'n Schluss vom Ball zuganga is, hot sich's ergeem, dass dä Alfons des Madla haambringa gädärft hot. Sie wor vo' dä Erlichstroß', also aus dä Öbern Gärtnärei. No, dä Alfons hot sich ka Schwäch'n geem und hot des Madla haamgäbracht. Wie sie o ihra Haustür worn, geht die Tür auf, steht dä Vottä vo' den Madla mit dä erhob'na Mistgab'l in dä Händ' in dä Tür und droht em Alfons, wall ä gleich gsääng hot, dass deä ka „Hiesichä" wor. Doo hot unsä Kavalier Alfons dä Baa gricht und sich untä Schmerz'n schleunichst väzoong. Des wär alles net so schlimm gäwes'n, wenn ner die Schuh' net so gädrückt hätt'n, obbä die hot dä Alfons donn scho' ausgäzoong, dämit ä bessä laaf'n gäkönnt hot.

Luitpoldschule, Löschgruppe 3 (LG 3)

Der Standort der Löschgruppe 3 – sowohl der historische als auch der heutige – befindet sich am Rand des für Bamberg ehemals wirtschaftlich bedeutenden Gärtnerviertels. Bald nach der Gründung der Feuerwehr Bamberg stellten so im Jahr 1864 auch Bamberger Gärtner zwei Rotten (zwei Züge) (7. Rotte Bamberg Nord). Sie erhielten als Ausstattung eine Saug- und Druckspritze, der nach einiger Zeit eine zweite folgte. Die beiden Spritzen wurden im Rudelschen Schulhaus, der heutigen Gangolfschule und im Deutschen Haus untergebracht. Mit der Errichtung des Prinzregent-Luitpold- Gymnasiums, heutige Luitpoldschule – die Einweihung erfolgte am 31. August 1901 – erhielt die Löschgruppe 3 in der von Hans Erlwein gestalteten Schule eine Gerätehalle. Diese wird noch heute als Unterrichtsraum genutzt. Fünf Jahre später – im Jahr 1906 – entstand das erste Bilddokument der Löschgruppe 3. Im Zuge der Neueinteilung der Feuerwehr Bamberg wurde 1924 aus der 7. Rotte die 6. Kompanie. Für das Jahr 1930 sind durch Quellen folgende Ausrüstungsgegenstände belegt: eine große Schubleiter, 1. Distriktleiter, eine Saug- und Druckspritze vierrädig, eine Saug- und Druckspritze zweirädig, zwei Schlauchwagen mit je 180 m Schlauchmaterial und diverses Zubehör. Im Jahr 1945 erhielt die LG 3 im Rahmen der Neugründung der Feuerwehr Bamberg ihre heutige Bezeichnung. Zwei Jahre später – im Jahr 1947 – erfolgte die offizielle Übergabe eines LF 15 (Löschfahrzeug

15) Klöckner-Deutz (später Magirus) an die Löschgruppe. Im Jahr 1967 folgten ein LF 16-TS (Löschfahrzeug 16 mit Tragkraftspritze) und ein TLF 8 (Tanklöschfahrzeug mit 800 Liter Wasser Tankinhalt). Im Jahr 1979 konnte nach der Übergabe eines LF 8 (Löschfahrzeug mit einer Pumpe mit 800 ltr/min Leistung), Beladeplan II, erneut eine feierliche Fahrzeugsegnung abgehalten werden. 1984 bezog die LG 3 die Fahrzeughalle im Baubetriebsamt am Margaretendamm 40. Die alte Fahrzeughalle in der Luitpoldschule wurde zu einem modernen Unterrichtsraum umgebaut. Der Umbau wurde zum größten Teil aus eigenen Mitteln der Löschgruppe finanziert und in Eigenleistung durchgeführt. Ein RW1 (Rüstwagen) (1 = bezieht sich auf die Ausrüstung) ergänzt 1986 den Fuhrpark der LG 3. Er wurde jedoch 1998 an die LG 4 abgegeben. 1998 wurde der LG 3 ein LF 16/12 (Löschfahrzeug mit einer Pumpenleistung von 1600 ltr/min und einem Wassertankinhalt von 1200 ltr) übergeben. Das Fahrzeug ist gleichzeitig Reservefahrzeug der Ständigen Wache Bamberg. Bis auf Kleinigkeiten ist das Fahrzeug baugleich mit dem LF der Ständigen Wache. Im Jahr 1989 konnte die LG 3 ihr 125-jähriges Bestehen feiern. 2001 wurde anlässlich des 100-jährigen Bestehens der Luitpoldschule auch die 100-Jahr-Feier der Gerätehalle der Löschgruppe 3 abgehalten.

Färbergasse

Die Färbergasse, die von der Siechenstraße bis zur Mittelstraße reicht, ist nach dem ehemaligen Berufsstand eines dort ansässigen Färbers benannt. Interessant ist, dass sie dem angenommenen Grenzverlauf zwischen der Oberen und Unteren Gärtnerei folgt, der sich dann über Mittelstraße und Spitalgasse fortsetzt. Genauso interessant ist die Tatsache, dass sich hier eine folgenschwere Entscheidung entlud. Als der Bamberger Oberbürgermeister Dr. Mathieu mit seinem Stadtrat mit einem Bus durch die schmale Färbergasse fuhr, sollen manche Gärtner mit Mistgabeln, Schaufeln und Sensen bewaffnet in ihren Einfahrten gestanden haben, um das Unheil des Löwendurchbruchs (offiziell Durchbruch Mitte, 1967) zu verhindern. Zuvor hatten Betroffene bei der Kranzbinderei Rost (s. Bild) meterweise Trauerflor erworben, um ihre Häuser zu schmücken und damit eindrucksvoll zur Abkehr des Vorhabens beizutragen. Der Durchbruch Mitte hätte eine großzügige

Verkehrsader vom Markusplatz bis zum Bahnhof vorgesehen und damit 88 Gärtnerbetrieben und Häusern den Garaus gemacht. Der Widerstand war erfolgreich, Oberbürgermeister und Stadtrat waren beeindruckt vom deutlichen Bürgerwillen und unterwarfen sich dem politischen Volkswillen. Das alte Bild zeigt die ehemalige Kranzbinderei Rost an der Ecke zur Tocklergasse, an der Ecke zur Mittelstraße ragt die Rost'n-Scheune auf, die in den Lückenschluss mit einbezogen wurde.

Auf dem aktuellen Foto erkennt man den jüngst vollzogenen Lückenschluss durch Neubauten. Im Hintergrund erkennt man Gärtnerhäuser der Mittelstraße.

Josef
Kunst
Josef Eckert
Kunstmühle
Josef Eckert
Kunstmühle
Josef Eckert

Mühlenviertel

Der Fotograf Berhard Haaf nutzte 1910 die Kunstmühlen Josef Eckert als Blickfang und visuellen Einstieg in das dortige Mühlenviertel. Die Baulichkeiten zur linken und rechten Seite erkennt man trotz Modernisierungen und teilweisen Abbrüchen auf Anhieb wieder. Jenseits des Steges steht das heutige Hotel Nepomuk mit Restaurant Eckerts. Ein kleiner Rückblick in die Geschichte des Mühlenviertels zeigt uns die große Bedeutung dieses Handwerks. Reiche Getreideernten im Umland und die Wasserkraft schufen die Voraussetzungen für die Entstehung der Getreidemühlen und anderen Mühlenarten bei den Unteren und Oberen Mühlen. Sie bestimmten in ihrer etwa 700-jährigen Geschichte das Stadtbild entlang der Regnitz. An Stelle des modernen Studentenwohnheims Obere Mühlbrücke 8-13a standen ursprünglich historische Mühlengebäude (z. B. die 1816 errichtete Steinölmühle, die später auch als Schwalbenmühle bekannt war). Das von der St. Joseph-Stiftung 1980 mit hohem finanziellen und technischen Aufwand erbaute Gebäude erzeugt durch eine Turbine Strom. Ähnlich wie das seit 2019 bestehende Welterbe-Besucherzentrum beim Alten Rathaus, wo Teile der im Krieg zerstörten Sterzermühle integriert wurden. Im Untergeschoss beherbergt es ein Flusskraftwerk.

Haus z. schwarzen Rad
Erbaut 1416 – 1540.
Farbenhaus
Carl Büttner
mir geht's gut- ich
trinke Kathreiner
den kerngesunden
Filmpalast
Lichtschauspielhaus
Alhambra
MANOLESCU
GABELMANN
Auf zum Plärrer
Auf zum Plärrer
IMI

Obstmarkt

Das Abbildung von 1928 zeigt das Leisthaus von der Seite stark plakatiert. Das Gässchen führt vorbei am Obstmarkt zur Oberen Brücke. Auf dem aktuellen Foto sieht man das „neue Leisthaus“ mit seinen Arkaden. Rechts das frühere Café Zeis (Weinstube) und links die prächtigen Bürgerhäuser mit den bekannten Inhabern Magnus Klee und Café Riffelmacher. Der Obstmarkt, zwischen Lange Straße, Austraße und Aufgang zur Oberen Brücke, kleiner Platz, auf den einige Straßen und Gassen münden. Er war einst Ort der Bamberger Gärtner und Häcker, die heimisches Obst anboten. Der Obstmarkt wurde im 2. Weltkrieg mit Phosphorgranaten beschossen. Ein Teil des Obstmarkts hieß einst Hahnensteuß, auch „Unter den Krämen“. Der Reußenturm stand in der Nähe; in der Mitte des Obstmarkts war der Goldene Brunnen, ein steinerner Pumpbrunnen, früher ein Ziehbrunnen, der Viereimerige- oder Straußenbrunnen genannt. Der Obstmarkt selbst wurde 1826 auf den Schrannenplatz verlegt. Die Austraße führte einst seitlich direkt bis an die Rampe der Oberen Brücke heran. Eine Verbindung zwischen Lange Straße und Kapuzinerstraße bzw. zum Kranen war nur durch eine kleine Gasse möglich. An dieser Stelle befand sich einst das „Haus mit dem „Swibbogen in der Au 54“, also ein Gebäude mit integrierter Durchfahrt, das allgemein als ehemalige Pforte in der Stadtmauer angesehen wurde. Der Straßenverlauf der hier konvergierenden Straßenmärkte (Grüner Markt und Lange Straße) führte einst direkt auf die Obere Brücke und nicht, wie heutzutage vermutet werden könnte, auf die Untere Brücke zu. Auf dem aktuellen Foto präsentiert sich das neue Leisthaus, Obstmarkt 5, das wegen Baufälligkeit 1972 abgebrochen und 1977 nach „langem Ringen“ fertiggestellt wurde. Auf dem Obstmarkt Richtung Obere Brücke erkennt man von links Magnus Klee (Schreibwaren und Liturgisches), das berühmte Mohrenhaus und Café Riffelmacher.

Luitpoldstraße – Luitpoldsäle

Gegenüber der Aufnahme von Alois Erhardt aus dem Jahr 1895 stellt die heutige Ansicht eine große visuelle Zäsur zum abgebrochenen bescheidenen zweistöckigen „Gasthaus zur goldenen Sonne“ dar. Der 1905 nach Plänen von Chrysostomus Martin fertig gestellte Jugendstilbau der Luitpoldsäle an der Ecke Luitpoldstraße/ Obere Königstraße in Richtung Bahnhof verleiht der Kreuzung auf dem Farbfoto ein völlig anderes Straßenbild. Er wurde vom Katholischen Arbeiterverein Bamberg als Vereinshaus errichtet. Schade, dass auf dem aktuellen Foto der ehemals schöne Hausdekor seit einer vor Jahren durchgeführten Sanierung nicht mehr zu sehen ist und jetzt eine etwas einförmige Fassadenansicht vorherrscht. Bereits 1909 wurde damit begonnen, die Säle für Filmvorführungen zu nutzen. Die Luitpold-Lichtspiele bestanden zeitweise aus fünf verschiedenen Kinoangeboten mit jeweils angepasstem Raumzuschnitt (LuLi, Filmgalerie, Bambi, Eldorado und Fuchsbau). Gastronomie, ein Teppichgeschäft sowie Kulturangebote waren oder sind noch heute im Gebäude untergebracht. In der Blütezeit des Kinos wies der große Saal 720 Plätze auf. 2000 endete dieses Kapitel mit der Eröffnung des „Cinestar“ am Bahnhof.

ARIANA

Dr.-von-Schmitt-Straße

Mit Beginn der Bauarbeiten der (ehemals Luitpold-Weegmann-) Berufsschule und dem Bau des Finanzamtes im Bereich der Martin-Luther-Straße erfolgte die rückwärtige Bebauung des Kunigundendamms mit Lückenschließung durch Wohnbebauung, wozu infolge des Wohnungsmangels seit Ende der 1990er-Jahre die ursprünglich lockere Bebauung nachverdichtet wurde – wie am Anwesen auf der rechten Seite ersichtlich.

2m

Egelseestraße

Die Egelseestraße reicht von der Kreuzung Kunigundenruhstraße/Steinweg/Dr.-von-Schmitt-Straße/Nürnberger Straße bis zur Wunderburg. Dabei quert sie die Peuntstraße. Die Egelseestraße ist nach der erstmals 1359 nachgewiesenen Flurbezeichnung „Im Egelsee" benannt. Es gibt einen angeblichen Hinweis auf einen zur Blutegelzucht verwendeten See. Möglicherweise geht die Bezeichnung aber auf den Rest vorgeschichtlicher Eichen-Auen-Urwälder zurück. Eicheln stellten ein wichtiges Futtermittel für die Tierhaltung dar. Der gesamte Weg vom Tor bei St. Gangolf bis zum Koppenhof wurde mit diesem Namen bezeichnet. Im Zweidler-Plan erschien 1602 die Bezeichnung „uf dem Neuen bau", nach den in diesem Gebiet durchgeführten Rodungen und Neuansiedlungen.

Die Fotografie aus den frühen 50er-Jahren zeigt die alte schmale Egelseestraße in winterlicher Ansicht von der Peuntstraße durchschnitten. Links und rechts säumen kleine Gärtneranwesen die Egelseestraße. Erwähnenswert ist das ehemalige Gasthaus Kilgus, genannt „Hotel Bück Dich", Egelseestr. 78. Die niedrigen Türstöcke verleiteten wohl die alten Bamberger einstmals zu diesem originellen Namen. Ganz weit im Hintergrund erkennt man die Wunderburger Kirchturmspitze. Auf dem aktuellen Foto sieht man von links das traditionsreiche Lokal „Egelsee". An Stelle der kleinen Gärtnerhäuschen entstanden neuzeitliche Wohnbauten und eine deutlich verbreiterte Straße. An der Ecke zur Peuntstraße (Druckerzubehör) rechts befand sich viele Jahre eine Metzgerei.

Kreuzung Luitpoldstraße – Obere Königstraße

Man kann es kaum glauben, dass zwischen beiden Aufnahmen ein sehr enger Zusammenhang besteht. Die erste Aufnahme des Fotografen Alois Erhardt (1827–1902) für das vom Magistrat der Stadt initiierte „Städtische Album" zeigt den Zustand vor dem Durchbruch der Eisenbahnstraße (Luitpoldstraße) zum Bahnhof im Jahre

1872. Auf den jeweiligen Rückseiten der Fotos finden sich akribische Beschreibungen vom damaligen Rechtsrat und späteren 2. Bürgermeister Josef Herd. Josef Herds Vater Michael war Eigentümer des schmalen Hauses und schaut auf die Straßenszene. Nähere Ausführungen zu den Luitpoldsälen finden Sie auf S. 86.

Löwenstraße – Hornthalstraße

Das Straßenteilstück in Richtung Markusplatz hat Alois Erhardt im April 1899 fotografiert. Man kann es kaum glauben, dass in diesem Bereich ein fast dörflicher Charakter vorherrschte. Davon zeugen kleine, oft desolat wirkende Häuschen, die für eine Familie kaum ausreichend waren. Links erkennt man angedeutet das Backstein-Betriebsgebäude der Fa. Heim Metallbau.

Zurück gedacht in Richtung Löwenbrücke befand sich der Produktionsstandort der Schuhfabrik Manz. An dessen Stelle wurden von der Stadt Bamberg bzw. den Stadtwerken Bamberg 1993/1994 das Gebäude Hornthalstr. 2a mit Diensträumen für den städtischen Parküberwachungsdienst, das Parkhaus Zentrum-Nord, Georgenstr. 2a und die Dreifachsporthalle Georgendamm errichtet. Die aktuelle Ansicht zeigt das um 1900 entstandene Häuserensemble in Richtung Markusplatz.

Kunigundendamm

Auf dem Schwarz-Weiß-Foto lässt eine große Baulücke einen Durchblick zur katholischen Pfarrkirche St. Gangolf zu, deren Bausubstanz bis zum 11. Jahrhundert zurückreicht. Wir blicken vom Heinrichsdamm zum Kunigundendamm mit dem noch nicht ausgebauten Regnitzarm. Die Bebauung der Dr.-von-Schmitt-Straße (in der Bildmitte des Farbbildes) erfolgte in den 1950er-Jahren sukzessive mit dem Bau des Finanzamtes, der Berufsschule, des Arbeitsamtes sowie Wohngebäuden. Der Lückenschluss an der Ecke zum Kunigundendamm wurde mit einer Eigentumswohnanlage auf dem Gelände der Gewürzfabrik Kirchner vollendet.

Synagoge

Die eigentlich fünfte Synagoge im Verlauf der langen Geschichte des Judentums in Bamberg seit dem Mittelalter wurde am 11. September 1910 an der Ecke Urban-/Herzog-Max-Straße ihrer Bestimmung übergeben. Ein stolzer mächtiger Jugendstil-Bau, der die Silhouette der benachbarten Straßenzüge und der Stadt insgesamt prägte. Während des vom nationalsozialistischen Regime angeordneten Novemberpogroms (9./10. November 1938) wurden u. a. Synagogen in Deutschland, Österreich und der Tschechoslowakei niedergebrannt und unzählige Juden verhaftet, misshandelt oder getötet sowie ihres Besitzes beraubt. Der Gemeindevorsteher Willy Lessing, der die Tora retten wollte, wurde vom aufgebrachten Mob zu Tode geprügelt. Die Reste des Gebäudes wurden 1939 gesprengt (Foto).

Erst am 9. November 1995 weihte man ein begehbares Denkmal an Stelle der Synagoge in der Mitte des Synagogenplatzes ein. Zuvor wurde ein Gedenkstein vom Bamberger Bildhauer Frank Xaver Bauer in Form eines Würfels aufgestellt.

Nach dem Krieg erwarb die AOK das Grundstück und errichtete in den Jahren 1954 und 1955 den Bau in seiner jetzigen Form. Durch den AOK-Neubau an der Pödeldorfer Straße auf dem ehemaligen Hofbräugelände konnte der Freistaat Bayern das Verwaltungsgebäude für die Justiz erwerben.

Seilerwarenfabrik

Auf dem Bild von 1961 von Cramer Kunstanstalt DO sieht man die ehemalige Seilerwarenfabrik in der Jäckstraße, auch „Bindfaden" genannt, mit einer gleichnamigen Gaststätte an der Ecke Jäck- und Magazinstraße. 1885 ist am Ort der heutigen ersten autofreien Wohnsiedlung die Seilerwarenfabrik neu entstanden. Während der industriellen Blütezeit in Deutschland, die Textilproduktion florierte, wurde im Bamberger Norden die „Mechanische Seilerwarenfabrik AG" gegründet. In den Folgejahren entstand ein Ensemble aus schnörkellosen Fabrikgebäuden und Verwaltungs- und Versorgungsgebäuden mit teilweise klassizistischer Formensprache, z. B. der Direktorenvilla. 1911 bekam die Firma in Verbindung mit dem Gaswerk einen Gleisanschluss. Der im Volksmund so genannte „Gasbockl" lieferte natürlich auch für das benachbarte Gaswerk die benötigten Kohlen an. Das Bild auf S. 102 zeigt das Schienenfahrzeug vor der ehemaligen Gaststätte „Bindfaden" in der Magazinstraße. Die Seilerwarenfabrik bot ihren Mitarbeitern im so genannten Fabriksbau Wohnmöglichkeiten. Zum Margaretendamm hin hatte jeder Bewohner im etwas tiefer liegenden Gelände ein Stückchen Nutzgarten. Sogenannte Wohlfahrtsgebäude in der Lichtenhaide- und Jäckstraße gaben ebenso Zeugnis von der sozial eingestellten Betriebsleitung. Bis 1963 wurden Garne aus Hanf und Werg gezwirnt, vom Bindfaden bis zum 60 mm

Fortsetzung auf der nächsten Seite

starken Seil. Mit bis zu 575 Arbeitern war die Fabrik zeitweilig der zweitgrößte Arbeitgeber in Bamberg. Nach Liquidation der Fabrik verlegte die Herzogenauracher Firma Schaeffler ihre Teppichwarenproduktion auf das Gelände und errichtete eine neue dreigeschossige Fertigungshalle, die das Areal nach außen hin prägte (heutiges Loft-Gebäude). Die gesamte Insel, die durch die umrahmenden Straßen Lichtenhaidestraße, Jäckstraße, Magazinstraße und Margaretendamm begrenzt wurde, wurde total zugebaut und genutzt. 1994 wurde die Teppichwarenproduktion eingestellt, die Nutzung des Areals auf ein Minimum beschränkt. Die Zeit einer langen Industriebrache brach an. 2011 wurde das Areal zum städtebaulichen Sanierungsgebiet erklärt. Im mittleren Hintergrund des Fabrikgeländes erkennt man die Ottokirche (1914) mit ihrem „Spargelturm". Das aktuelle Luftbild zeigt nun die Entwicklung eines ehemaligen Industrieareals zum autofreien Wohnquartier. Schaeffler 2.0 ist abgeschlossen. Knapp 500 Wohneinheiten sind entstanden: Lofts, Studentenwohnungen, Reihenhäuser, Townhouses, klassische Zwei- bis Vier-Zimmerwohnungen, teils barrierefrei und mit intelligenter Haustechnik ausgestattet. Ein Büro-Neubau und eine Parkgarage, ebenfalls neu errichtet, ergänzen das Ensemble. Wo um 1900 die Mechanische Seilerwarenfabrik AG Garne zwirnte, vom Bindfaden bis zum Seil, blüht heute das Leben! Das gesamte Areal ist heute autofrei und wird über eine Parkgarage und einen unterirdischen Tunnel befahren. Das aktuelle Luftbild zeigt ein Industriedenkmal mit Wohnstruktur.

„Russ'n" in Kellä

Es wor a schöönä Silvästä-Oomd bei uns mit'n Klaus, dä Elfriede, dä Moni un en Peter. Lustich wor's un vill gälacht hom mä. Gut gäss'n hom mä aa, a weng Fisch un allälei anäsch Zeuch un gut gätrunk'n hom mä aa. Spät wor's aa, wi mä ausänandäganga sin. On nächst'n Tooch ruft di Elfriede di Helga oo un will sich für'n schööna Oomd bädank'n. Doo sechd di Helga zu ra: „Stell' dä nä vor, Elfriede, kaum wi ihr fort wort, geh i nuntä mein Kellä, glotz'n miech drunt'n in Kellä di „Russ'n" oo!" Woos secht di Elfriede, bei euch in dä Näh gibt's doch Aussiedlä, oddä wie kumma denn di Russ'n nei dein Kellä?" „Naa", sechd drauf di Helga, „iech maan doch di russisch'n Eiä, di wuu i vägess'n hob, o unsän schööna Oomd auf'n Tisch zer bringa. Di Elfriede gricht sich nimmä vo lautä Lach'n über die „Russ'n" in Kellä.

„Revierkämpfla"

Revierkämpfla worn gleichsam Quartierabgrenzunga, tät mer heut' soong. A solch's Abgrenzungsdenk'n is einfach so gälebt worn und o folg'nda Generationa weiter geb'n worn. Solcha Rivalität'n und Abgrenzunga hot's zwischä Kinnä und Jugendlicha vo' dä Wunderburg/Gereuth und Gangolf, zwischä Weidendamm und Margaretendamm geb'n, wu dä Fluss sowieso a natürlicha Grenz' gebildt' hot. Übrigens hot mer die, wu von Margaretendamm g'stammt' hom aa „Laumer" gänennt, abgeleit' vo' Laube. Außerdem sin solcha „Kämpfla" zwischä en Berggebiet (Obera Pfarr') und dä Inselstadt (St. Martin) ausgätroong worn. Aa die Bahnlinie (Unterführung) is als a solcha Grenzmark'n oo'gsääng worn. Vo' meiner Großmuttä waaß ich aus Erzählunga, dass sich die „Weidendämmler" mit die „Margaretendämmler" heftich g'stritt'n und bekämpft hom. O die Flussufer worn die Kinnä mit Zwist'ln bewaffnet g'stand'n und hom scharf g'schoss'n. Dä recht' Regnitzarm wor ja nuch net ausgäbaut, so dass die Entfernunga zuänandä vill geringer worn wie heut'. Mancher hot a blau's Aach oddä a schmerz'nda Wund'n dävoogätroong.

Tückischa Rossball'n

Dä Fritz und dä Ambros, zwaa von Helmut seina Mitschülä hom ihr'n Haamweg oo'gätret'n. Wie sie so nei die Heiliggrabstroß' obbieng, bahnt sich scho' wos Größer's oo. Unübersehbor lieng a poor Rossball'n auf dä Höh vo' dä damolich'n Evangelisch'n Mädchenfachschul'. Dä Fritz übälegt net long, nimmt an saftig'n Rossball'n und schmeißt na nei's offna Fenstä vo dera Schul'. Donn obbä niggs wie ab, hom sich die zwaa dä-voog'schlich'n. Nächst'n Tooch is in dä Luitpoldschul' a Mordstrara weechä den Vorfall. Die Leiterin vo' dä Fachschul' werd beim Rektor vorstellich. Scheinbar hot's an Zeug'n geem, deä wuu gsääng hot, dass sich a poor so Läusä mit die Rossball'n bäschäfticht hom. Ob die zwaa zerletzt als Tätä rauskumma sind, des hot dä Helmut beim best'n Wiil'n nimmä soong gäkönnt.

Weidendamm

Der Weidendamm reicht von der Ecke Innere Löwenstraße/Löwenbrücke bis zum Regensburger Ring. Der Name lässt sich auf den früheren reichen Weidenbewuchs zurückführen. Auf dem Foto von 1995 von Jürgen Schraudner breiten sich die Robert Mayer-Felder mit den Treibhäusern zwischen dem rechten und dem linken Regnitzarm aus. Ein Fahrweg führt rechts entlang einer Pappelzeile zum Haus des Faltbootclubs; im Hintergrund ist die Erba mit Schlot zu sehen. Zu Robert Mayers Zeiten waren am Fluss auch einige Sportplätze (DJK Don Bosco u. a.). Das aktuelle Foto zeigt den Regensburger Ring. Dort ist zwischen den Regnitzarmen die neue Wohnsiedlung Mayer'sche Gärtnerei entstanden. Vorgelagert bietet das Erzbischöfliche Archiv einen Schallriegel für das Wohngebiet. Die Abzweigung vor dem Archiv ist der verlängerte Weidendamm. Wenn man den Heinrichsdamm über den Georgendamm verlängert hätte, um über den Weidendamm zum Regensburger Ring zu gelangen, dann bestünde heute eine Fluss parallele, Verkehrs entlastende Straße.

Wilhelmsplatz

Der Wilhelmsplatz ist nach dem deutschen Kaiser und König von Preußen Wilhelm I., (1797–1888) benannt. Er liegt zwischen Friedrichstraße und Heinrichsdamm. Um 1900 wurde er unter Stadtbaurat Hans Jakob Erlwein neu gestaltet. Altes Foto von 1925: Von links sieht man die bis heute bis zum Heinrichsdamm bestehende Baum bestandene Fläche. Ein Blick über die Marienbrücke zeigt die herrschaftlichen Häuser am Kunigundendamm. Rechts liegt das imposante Gebäude der Wilhelmspost. Das aktuelle Foto zeigt den veränderten Wilhelmsplatz ohne Litfaßsäule mit dem gelungenen Kreisverkehr. Im Gebäude der ehemaligen Wilhelmspost hat seit 2009 das an der Universität Bamberg gestartete „Nationale Bildungspanel" seinen Sitz. Bamberg wird damit zum Bildungszentrum in ganz Europa. Rund 150 Wissenschaftler untersuchen, wie sich Kompetenzen entwickeln. Die ehemalige Oberpostdirektion, später Fernmeldeamt, ist heute Teil der Universität. Die dreigeschossige Dreiflügelanlage mit Satteldach, mehreren Zwerchgiebeln, hohem Turm, im Stil des Neobarock, in städtebaulich bedeutsamer Lage schuf Fritz Fuchsenberger, 1904/1906.

30

Augustenstraße

Ein besonders auffälliges Motiv zeigt das fast noch alleine auf weiter Flur stehende neu erbaute vierstöckige Haus Augustenstraße 2 in Richtung rechtem Regnitzarm (späterer Main-Donau-Kanal), das Alois Erhardt im April 1900 fotografiert hat. Rechts davon die Dessauer'sche Pechfabrik Urbanstraße 2. Der Wilhelmsplatz wurde erst später konzipiert. An dieser Stelle befand sich der ehemalige Exerzierplatz.

Den schlechten Bauzustand und notwendig werdende Kanalbaumaßnahmen zwischen 2007 und 2009 nahm die Stadt zum Anlass, den Platz völlig neu zu gestalten. Auch sollte damit die Verkehrssicherheit verbessert werden. Nach sieben kleineren Bauphasen wurde der als eines der Eingangstore zur Stadt verstandene Platz mit einem baulich aufwändigem Kreisverkehr samt blumig gestalteter Mittelinsel im Herbst 2011 ausgestattet. Ein aus Kreisen der Bevölkerung herangetragener Wunsch, die Statue des Luitpold von Bayern vom Schönleinsplatz als Blickfang auf die Mittelinsel zu versetzen, wurde leider nicht realisiert. 1904 wurde der wuchtige Satteldachbau Wilhelmsplatz 4 mit Mietwohnungen und Gastronomie errichtet. Mit Erker und Eckturm fügt er sich sehr gut zum etwa zur gleichen Zeit entstandenen benachbarten Ensemble des Justizgebäudes und der ehemaligen Wilhelmspost ein.

Obere Pfarre mit Schulplatz

Es kommt nicht oft vor, dass Vergangenheit (Foto von Wilhelm Kröner 1910) und Gegenwart fast identisch sind. Von der Baumgruppe und kleinen Nuancen auf dem Farbfoto abgesehen. Insofern darf das durchaus einmal erwähnt werden.

Die Obere Pfarre ist eine Marienkirche und überragt auf Grund ihrer exponierten Lage am Kaulberg unübersehbar die Silhouette der Stadt. Korrekt heißt sie „Unsere Liebe Frau". Sie wird ab dem 14. Jahrhundert in mehreren Abschnitten errichtet. Nach der Einweihung des Langhauses im Jahr 1387 beginnt man fünf Jahre später mit dem Bau des kunstvollen filigranen Hochchores. 1535 wurde der Turm fertiggestellt.

Vor einigen Jahren erfolgte eine aufwändige Innen- und Außenrestaurierung der gotischen Kirche, um das prächtige Bauwerk für künftige Generationen zu erhalten. Rechts neben dem Wohnhaus für Kirchendiener, Organisten usw. stand ein klassizistischer Brunnen von Wilhelm Wurzer auf dem Schulplatz. Das Original wurde im Februar 1945 durch Kriegseinwirkung zerstört. 1962 verlegte man einen ähnlichen Brunnen von der Hellerstraße zum Schulplatz. Dahinter ragen die Kaulbergschule und der Turm der Stephanskirche ins Bild. Ein im Bild nicht sichtbarer sog. Laufbrunnen bestand bis 1945. In der Fastenzeit hielten dort Fischzüchter einen Fischmarkt ab.

Etwas auf dem alten Foto fällt doch auf: die Schienen. Die Bamberger Straßenbahn AG (1897–1922) nahm den steilen Berg in ihre Linienführung auf. Durch widrige Umstände – Schwierigkeiten bei Glatteis und Schnee in der Winterzeit, zu geringe Inanspruchnahme und Unfälle – wurde die Berglinie 1906 wieder eingestellt.

Unterer Kaulberg und Pfahlplätzchen

Eine schöne Perspektive bietet sich dem Auge von der Obere Pfarre bergabwärts. Auf den ersten Blick fällt eine einschneidende Änderung gar nicht besonders auf, die Ende der 1960er-Jahre zu großen Kontroversen in der Bevölkerung führte. Es geht um die später abgebrochenen Gebäude in der Bildmitte, rechts der Straßenführung. Viele Bürger sahen sich beim Bemühen, historische Gebäude der Altstadt zu erhalten und nicht alles dem Verkehr zu opfern, vom Stadtrat nicht mehr gut vertreten. Der Abbruch des „Hauses zum Marienbild“ mit ausdrücklicher Genehmigung des Amtes für Denkmalpflege führte letztendlich zur Gründung des Vereins „Schutzgemeinschaft Alt Bamberg e.V.“ Den Namen „Haus zum Marienbild“ leitete man von einem Fresko aus dem Jahr 1653 ab, das die Muttergottes darstellte. Genau genommen waren es zwei Bauwerke am engen Kaulbergfuß/Pfahlplätzchen. Dazu zählte noch das angebaute Haus mit dem romanischen Turm – Unterer Kaulberg 1. Warum erfolgte 1968 der Abbruch der beiden Anwesen? Es gab wohl statische Probleme auf Grund eines Unfalles, aber auch wegen „genereller Baufälligkeit“. Teilweise musste das Gebäude abgestützt werden und die Bewohner hatten die Häuser wegen „drohender Einsturzgefahr“ schnellstens zu verlassen. Heute würde man sicher alles daransetzen, ein historisches Schmuckstück aus dem 14. Jahrhundert zu erhalten. Sicher war das Pfahlplätzchen aus verkehrlicher Sicht ein Nadelöhr. Besonders, wenn in früheren Jahren Langholzfuhrwerke oder die Straßenbahn diese Stelle

passieren mussten und sich relativ oft Unfälle ereigneten. Man stelle sich vor: Der Kaulberg war Bestandteil einer alten Fernstraße, der späteren Bundesstraße B 22, mit hoher Verkehrsdichte und vielen Staus vor der Engstelle. Der Münchner Ring als Umfahrung war noch Utopie. Die Verkehrsregelung erfolgte bis zum Abbruch durch einen Polizisten vor dem Gebäude, von einem Unterstand aus.

Die Neubauten auf dem nun aufgeweiteten Pfahlplätzchen wurden als Studentenwohnheime errichtet und erhielten blaue (!) Fensterrahmen.

Auf der linken Straßenseite steht der „Neue Ebracher Hof", Unterer Kaulberg 4, eine 1768 vollendete barocke Klosterkurie des Ebracher Zisterzienserklosters nach Plänen von Baumeister Johann Jakob Michael Küchel. Die wunderschön gegliederte Fassade mit Blendarkaden, Pilastern, Muschelwerk und Fensterstürzen fällt sofort ins Auge. Ein besonderer Blickfang ist der skulpturale Schmuck des Anwesens durch Ferdinand Dietz. Vorher waren u. a. das Rentamt, das Bezirksamt Bamberg II (1862), das Landratsamt (1939) und die Justizkasse (1967) Nutznießer des eindrucksvollen Gebäudes, aktuell das Internationale Künstlerhaus Villa Concordia mit Wohnungen und Ateliers.

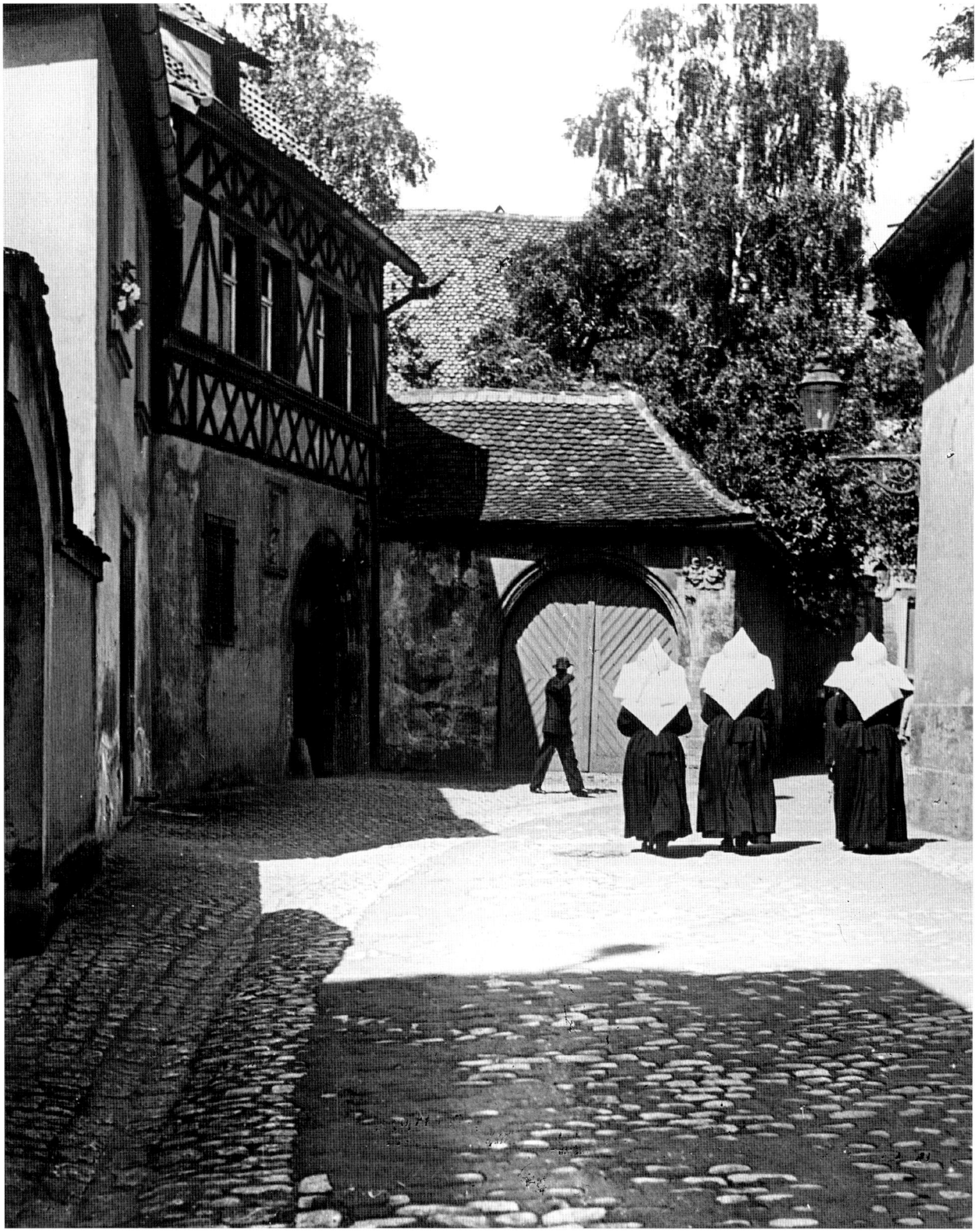

Domstraße

Die Domstraße, auch Domgasse genannt, beginnt aus Blickrichtung Domkranz (Ostchor) seitlich rechts am Dom und setzt sich hinter der Alten Hofhaltung mit Domherren-Höfen fort:

Domstraße 2 – Curia Sti. Blasii (16. Jh.)
Domstraße 3 – Curia Stm. Mariae et Chunegundis (im 15. Jh. barockisiert, Dompfarrhof)
Domstraße 5 – Curia Sti. Lamperti (18. Jh., Dompropstei)
Domstraße 7 – Curia Stae. Elisabethae (15./16. Jh.)
Domstraße 9 – Curia Stm. Johannis et Pauli (15. Jh.)
Domstraße 11 – ehem. Erthalshof (15.–18. Jh.)
Domstraße 13 – ehem. Truchseßhöflein (16. Jh.)

Schließlich mündet die gepflasterte Straße beim „Torschuster-Haus" (ehem. Tor der Burg Babenberg) in die Obere Karolinenstraße.
Auf der linken Seite steht der Madlershof, Domstraße 11, ein ehemaliger Domherrenhof mit schönen Fachwerkelementen und orangenem Fassadenanstrich. An der Hausseite ist das Wappen des Domherrn Alexander von Jarsdorf angebracht.

Auf dem Schwarz-Weiß-Foto 1955 erkennt man noch gut Sanierungsbedarf. Jetzt aber stellt dieser geschichtsträchtige Straßenzug vorbildlich saniert einen besonders schönen malerischen Anblick dar.

Markusstraße

Ein Straßenzug, der sich von der Unteren Sandstraße über die Markusbrücke bis zum Markusplatz erstreckt und nach Dr. med. Adalbert Friedrich Marcus (1753–1816) benannt wurde. Er war fürstbischöflicher Leibarzt und erster Direktor des allgemeinen Krankenhauses an der Unteren Sandstraße, das von Fürstbischof Franz Ludwig von Erthal errichtet wurde (jetzt Stadtarchiv und Hotel).

Das undatierte Schwarz-Weiß-Foto ist typisch für die Zeit vor dem Zweiten Weltkrieg: Gepflasterter Straßenbelag, Alleebäume, keine speziellen Parkplätze für Kraftfahrzeuge und ein Häuserensemble mit Gründerzeit-Charakter, das weitgehend erhalten geblieben ist. Hinter der linksseitigen Bebauung (nicht im Bild) befindet sich auf dem Areal der ehemaligen Frauenklinik ein Teilbereich der Universität mit den Fakultäten Humanwissenschaften.

Obere Karolinenstraße

In Bildmitte steht der ehemalige Langheimer Hof, Obere Karolinenstr. 8. Er war kein Domherrenhof, sondern eine Vertretung der Zisterzienserklöster Langheim, Ebrach und Heilsbronn im oberen Teil des mittelalterlichen Burgbezirks auf dem Domberg. Es ist überliefert, dass wohl ab dem 13. Jahrhundert das Kloster Langheim alleiniger Besitzer im Zentrum der damaligen Machtverhältnisse wurde. Das vierflügelige Gebäude hat einen reizvollen Innenhof mit schönem Zierfachwerk im Laubengang. Der Nordflügel wurde zwischen 1739 und 1741 errichtet und trägt die Handschriften von Balthasar Neumann und Justus Heinrich Dientzenhofer. Aktuell nutzt die Otto-Friedrich-Universität den Gebäudekomplex. Auf der linken Seite ragt das erzbischöfliche Palais, Obere Karolinenstr. 5, ins Bild (Curia Sti. Pauli – ehem. Domherrenhof für den Domherren Lothar Franz Wilhelm von Rotenhan), das seit 1817 Sitz des Erzbischofs ist. Johann Jakob Michael Küchel entwarf Mitte des 18. Jahrhunderts den Plan für den dreigeschossigen klassizistischen Mansardbau. Über dem Eingang ist das Wappen der Bistumsheiligen Heinrich und Kunigunde angebracht. Im Gebäude sind u. a. die Wohnung des Erzbischofs, das Sekretariat samt Referentenbüro, Empfangsräume und die Hauskapelle untergebracht. Die rechte Seite wird vom langgestreckten ehemaligen Domherrenhof Curia Sti. Sebastiani dominiert, dessen Entstehung bis zum 16. Jahrhundert zurückverfolgt werden kann. Die Erzbischöfliche Seminarstiftung nutzt jetzt das zweiflügelige Gebäude in der Oberen Karolinenstr. 6 für ihre Zwecke.

Schiffbauplatz

Der Schiffbauplatz reicht von der Markusstraße bis zur Weide. Der heutige Straßenname verweist auf einen regen Schiffbau an dortiger Stelle. Einst reichte der Schiffbauplatz von der Markusbrücke bis in die Weide. Er war auch Not- und Winterhafen und Schiffswinterung und wurde früher „Pfinnengraben“ genannt. Die Schiffswinterung reichte etwa von der Steinertstraße bis zur Pfeuferstraße. Dort war die Werft bis zur Zuschüttung des Schiffbauplatzes 1895. Die Werft stellte allerlei Wasserfahrzeuge her: vom Fahrkahn oder Schelch bis zum Main-Donau-Schiff. Viele Bamberger bestaunten einst gern das Stapellassen. Die Weide hieß im Mittelalter „Pfinnengarten“, „Pfinnengraben“ oder „Pfinnenweiher“. Sie lag außerhalb des umfriedeten Stadtgebiets und wurde als Turnierplatz der fränkischen Ritterschaft genutzt. Wilhelm Kröner fotografierte die alte Ansicht 1906

aus einem Fenster der Alten Chirurgie. Es zeigt die sehr geringe Bebauung der Weide sowie die 1863 am linken Regnitzarm gegründete Fa. Kaliko (Näheres hierzu auf Seite 50) sowie die Roth'sche Färberei. Im Hintergrund fällt die spärlich bebaute Weide auf. Beim aktuellen Bild dominiert am linken Bildrand die an Stelle der ehemaligen Kaliko Fabrik 1993 eingeweihte Konzert- und Kongresshalle, die Heimstatt der Bamberger Symphoniker (Seite 51).

Ein üppiges Flussufer, dahinter eine reizvolle Bebauung und zum Flussufer vorgelagerte kleine Gärten zieren den Schiffbauplatz.

Hölle

Unterhalb des Chores der Oberen Pfarre wies bis vor einigen Jahren ein Schild den „rechten" Weg zur Hölle: „Treppe über Hölle benutzen". Man landet aber wider Erwarten an einem lauschigen Ort. Das zweistöckige Haus Nr. 7 aus dem 16. Jahrhundert um 1700 wird als ein dunkles „Domkapitel'sches Gefängnis" mit vier sehr kleinen Gefangenenzellen beschrieben. Unweit davon sehen wir die beiden abgebildeten Häuser, die vorbildlich saniert wurden. Der Vergleich zum Foto aus dem Jahr 1910 spricht Bände. Wunderschön ist die Blickachse zur Stephanskirche. Weitgehend im 17. Jahrhundert gebaut, diente sie als Stiftskirche. Nach der Säkularisation wutde sie im Jahr 1808 der evangelischen Kirchengemeinde zur Verfügung gestellt. Im Jahr 2020 wurde die Stephanskirche 1000 Jahre alt. Originell ist der Werbeslogan für eine Gästewohnung im Anwesen Hölle 10: „Ein Himmelreich in der Hölle".

Leinritt

Der Untere Leinritt reicht gegenüber dem Kranen am linken Ufer der Regnitz bis zur Mündung in den Main bei Bischberg; der Obere Leinritt von der Concordia bis Bug. Leinritt = „Ritt an den Leinen". Mit Seilen verbundene Pferde zogen die Frachtschiffe (bei ungünstigem oder ganz fehlendem Wind waren Segel zwecklos) entgegen der Strömung bergwärts. Das nannte man Treideln. Das alte Foto weist eine ältere Häuserzeile und im Anschluss eine große Lücke bis zum Allgemeinen Krankenhaus mit dem typischen Dachreiter auf. Das 1789 von Fürstbischof Franz Ludwig von Erthal auf dem Gelände des Grafen von Stadion (Untere Sandstraße) gegründete Krankenhaus galt damals als eines der modernsten in Europa. Medizinischer Berater war Dr. Adalbert Friedrich Marcus, Baumeister waren Johann Lorenz Finck und Johann Philipp Geigel. Auf dem gegenüberliegenden Ufer war der Schiffbauplatz. Am linken oberen Bildrand erkennt man das Benediktinerkloster Michelsberg, gegründet 1015 von Eberhard, dem ersten Bischof von Bamberg. Es war bischöfliches Eigenkloster und mit Mönchen aus Amorbach besiedelt. Im 12. Jahrhundert wurde Bischof Otto zum zweiten Stifter, als die klösterliche Disziplin gesunken war (Hirsauer Reform). Fortan entwickelte sich das Benediktinerkloster Michelsberg zum reichsten Kloster im Bistum Bamberg; mit einer bedeutenden Mal- und Schreibschule, die u. a. Elfenbein- und Silberarbeiten fertigte. 1802/03 wurde mit der Säkularisation das Ende des Klosters besiegelt. Auf dem aktuellen Foto erkennt man den Fortbestand der Häuserzeile links. Der Michelsberg ist aufgrund notwendiger Restaurierung eingerüstet. Die frühere Lücke schloss Hans Jakob Erlwein von 1899 bis 1901 mit der Chirurgischen Abteilung (heute Stadtarchiv). Gut erkennbar ist der typische Jugendstil-Giebel. Von 1929 bis 1970 kamen acht weitere Krankenhaus-Neubauten hinzu. Am 29. Februar 1984 erfolgte der Umzug vom alten Krankenhaus zum großzügig dimensionierten modernen Klinikum an der Buger Straße. Seit 1990 ist nach Umbau und Sanierung aus dem alten Krankenhaus „Hotel Residenzschloss" geworden.

Altenburger Straße

Auf dem alten Bild von 1937 führt die Altenburger Straße abwärts. Im Hintergrund ragen die vier Domtürme auf, dahinter erstreckt sich die Stadt und das Bamberger Land. Rechts vom Dom ist der Turm der Karmelitenkirche zu erkennen. Links oberhalb der Residenz erkennt man den Ottokirchturm. Ein mächtiger Baum teilt den Geh- und Fahrweg. Der Fotograf wirft seinen eigenen Schatten voraus. Die Altenburg, wohl einstige Fliehburg, erste Erwähnung eines gleichnamigen Vorgängerbaus 1109, gehörte zum von Bischof Otto wiederhergestellten Stift St. Jakob. Sie war auch bischöfliche Residenz, bis sie Albrecht Alcibiades 1553 verwüstete. Die Wiederaufbaupläne wurden verworfen, die Keller des Bergfrieds als Staatsgefängnis genutzt (noch erhalten). 1801 erwarb Dr. Marcus die Burgreste zum Wiederaufbau; nach dessen Tod ging der Besitz an den Altenburgverein (1818) über. 1901/02 erfolgt die Errichtung des Wirtschaftsbaues. Die heutige Burg ist weitgehend ein Ergebnis der im 18./19. Jahrhundert anwachsenden romantischen Burgen-Sehnsucht. 1835 erfolgten die Errichtung der Kapelle und der Gaststätte, 1902 die Vollendung des Palas (Wohnbau einer mittelalterlichen Burg). Bis 1982 war die Altenburg Heimat mehrerer Burgbären. Über Jahrzehnte hieß es oft in vielen Familien „Geh mer nauf'n Poldi!“ 1999 wurde die Burg einer gründlichen Renovierung unterzogen. Das Wahrzeichen Bambergs auf dem höchsten der sieben Hügel ist nach wie vor ein beliebtes Ausflugsziel.

MICH

Malzfabrik Weyermann

Neben der „Bamberger Mälzerei" gibt es an der Brennerstraße (zwischen Memmelsdorfer Straße und Zollnerstraße) in der Bierstadt Bamberg noch einen weiteren wichtigen Mälzereistandort. Die Fa. Mich. Weyermann & Co. KG ließ sich zum 50-jährigen Betriebsjubiläum 1929 etwas Besonderes einfallen und schmückte die Straße mit einem Fahnenmeer, wie das historische Foto zeigt. Auch große Teile von Bamberg-Ost wurden dem Anlass entsprechend festlich geschmückt. In der Gegenwart schaut die Straße trist aus.

In einem 2005 herausgegebenen Buch wird die gesamte spannende Firmengeschichte ausführlich erzählt. Ihre Anfänge lassen sich auf das Jahr 1879 datieren, als Johann Baptist Weyermann, Getreidehändler und Schiffermeister, die „Mich. Weyermann's Malzkaffee Fabrik" mit Sitz in der Laurenzistraße im Berggebiet gründete. Zwischen 1888 und 1904 entstanden nach Plänen von Baumeister Gustav Haeberle die markanten Gebäude aus unverputztem Ziegelmauerwerk samt Türmchen und Schloten an der Brennerstraße/Memmelsdorfer Straße. Das Ende des Zweiten Weltkrieges brachte große Erschwernisse durch die Besatzungsmacht und das Wegbrechen der Kundschaft durch dem Wegfall des östlichen Landesteils Deutschlands mit sich. Enorme Anstrengungen und erfolgreiche Innovationen zahlten sich jedoch im Verlauf der nächsten Jahrzehnte aus.

Heute ist das weiterhin im Familienbesitz stehende mittelständische Unternehmen Weltmarktführer bei Spezialmalzen. Eine Versuchsbrauerei entstand 2003. Ferner existieren noch zwei Brennereien zur Herstellung von Whiskey und Bierbränden. Außerdem lädt ein „Fan Shop Malz & More" ein, in dem viele Produkte rund um Bier und Brände angeboten werden. Ebenso werden Bier- und Whiskey-Seminare durchgeführt.

Heiliggrabstraße

Sie ist heute noch eine von Gärtnerhäusern stark geprägte Straße und reicht von der Luitpoldstraße bis zur Memmelsdorfer Straße. Auf dem Foto von 1898 von Alois Erhardt gelangte man von der Spitalgasse in die Heiliggrabstraße; links ist die Ummauerung des Klosters Heiliggrab durch ein Wächterhäuschen aus der geschichtsträchtigen Vergangenheit des Klosters unterbrochen, das auch als ehemaliger Militärstandort diente. Das Wächterhäuschen wurde 1920 nach dem Kauf durch die Stadt abgerissen, um einer Straßenverbreiterung nicht im Weg zu stehen. Nach dem Zugang zur Klosterstraße sieht man ein imposantes Eckhaus, rechts ein Gärtneranwesen mit Tor und Einfahrt, die zu den Hausgärten führt.

Auf dem aktuellen Foto gibt es das Wächterhäuschen nicht mehr. Die Ummauerung des Klosters ist nach wie vor zu erkennen. Rechts noch ein ehemaliges Gärtnerhaus mit Einfahrt. Das markante Bürgerhaus Ecke Kloster-/Heiliggrabstraße ist kaum verändert. Die Einfahrten verweisen auf hinter dem Haus liegende Felder, die die Gärtner Hausgärten nennen. Der Name der Straße rührt von der Heiliggrabkirche bzw. dem Heiliggrabkloster (14. Jahrhundert), einer Stiftung der Bamberger Eheleute Franz († 1356) und Katharina Münzmeister nach einer Pilgerreise ins Hl. Land zu Ehren des Grabmals Christi.

Zollnerstraße

Die Zollnerstraße reicht von der Kreuzung Brennerstraße nach der Bahnunterführung bis zum Berliner Ring. Der Name rührt von einem adeligen Geschlecht. Verschiedene Linien der Zollner hatten ihren Ursprung in Bamberg. Die angesehenen Zollner, auch Geyer genannt, deren Namen das Geyerswörthschloss heute noch trägt, waren die Zollner von Kirchschletten und die Zollner vom Brand. Die Entstehung des Beinamens soll aus der Zeit um 1250 und 1280 stammen, als zwei Brände das Stadtgebiet Sand unterhalb des Domes zerstörten. Dieser Stadtteil wurde seitdem der „Brand" genannt. Die Zollner vom Brand teilten sich in zwei Hauptlinien, die Bamberger und die Bischberger Linie, die seit 1406 nachgewiesen ist. Die Patrizierfamilie Zollner vom Brand war mit einer so genannten kaiserlichen Freyung ausgestattet, d. h. die Bewohner waren von allen Abgaben frei und durften alle Gewerbe ausüben, ohne Mitglied einer Zunft zu sein oder etwas versteuern zu müssen. Die Zollner galten seit dem Spätmittelalter als adlig und gingen zahlreiche eheliche Verbindungen mit reichsritterlichen Familien ein. Allerdings prozessierten die Zollner vom Brand noch Mitte des 16. Jahrhunderts gegen den Bamberger Bischof um Anerkennung ihres Adels. Bereits 1636 starben die Zollner von Kirchschletten in männlicher Linie aus und ihre Mannlehen fielen an den Lehensherrn zurück. Die Bamberger Linie der Zollner vom Brand starb 1765 aus. Das alte Foto von 1925 zeigt den Beginn der Zollnerstraße, was sich an dem Friseurladen links gut erklären lässt,

der an gleicher Stelle heute noch erkennbar ist. Der silberne Teller, der über jeder Friseurladentür hing (1950er-/60er-Jahre), stammt aus einer Zeit, als Friseure ihr Geld hauptsächlich mit Rasieren verdienten und deswegen „Barbiere" hießen. In der silbernen Schale wurde der Seifenschaum geschlagen, natürlich nicht in der, die über der Ladentür hing, aber in einer ähnlich aussehenden. Lausbuben, die auf ihrem Schulweg ein Friseurgeschäft mit einem solchen Teller passierten, kamen nicht umhin im Laufen hochzuspringen, um den Teller geräuschvoll abzuklatschen. Das Heraustreten des Friseurmeisters aus dem Laden war meist umsonst, weil die Lauser schon über alle Berge waren. Städtische Arbeiter verrichten auf dem Bild Ausbesserungsarbeiten am Straßenbelag. Der Friseurmeister und eine ältere Frau mit einem Leiterwagen beobachten die Männer bei ihrer Arbeit. In weiter Entfernung steht auf der linken Seite nach einer großen Lücke ein alleinstehendes Haus. Rechts fällt ein breites Anwesen mit der Werbung Herrenkleidung – Herrenstoffe – Gg. Kübrich auf. Anschließend sieht man schon einige sich anschließende Reihenhäuser. Ergänzungsbauten geben der Zollnerstraße ihr heutiges Aussehen. Auf dem aktuellen Bild sind beidseits weitgehend geschlossene Häuserreihen zu erkennen. Besonders interessant ist, dass das Friseurgeschäft noch existiert, was sich an Fenster und Türe nachweisen lässt. Am rechten Bildrand lässt sich eine Tankstelle ausmachen. Neben einem fünfgeschossigen Wohnblock haben einige Gärtneranwesen in der Reihe überdauert.

Pödeldorfer Straße, Hofbräu

Die Bamberger Hofbräu AG, Pödeldorfer Str. 75, war bis zu ihrer Stilllegung die größte Brauerei in der Stadt und weit darüber hinaus. Zudem besaß sie neben den üblichen Brauereigebäuden eine Mälzerei und einen Gleisanschluss, den jeder Einheimische als „Hofbräugleis" kannte. Auf dem 1920 entstandenen Luftbild der Flug-Verlagsgesellschaft München sieht man die großräumige Dimension der Betriebsstätte und der dahinter liegenden Gleisanlage. Links am Bildrand war die Eisengießerei Langhammer angesiedelt. Die Hofbräu entstand aus der Exportbrauerei Frankenbräu AG. Die Frankenbräu selbst wurde 1885 vom Hopfengroßhändler Simon Lessing gegründet. Als um die Jahrhundertwende 1900/1901 Prinz Rupprecht von Bayern Bamberg besuchte, war er von deren Bier so begeistert, dass sich die Brauerei mit dem Attribut Hofbräu schmücken durfte. Zukäufe von Brauereien in ganz Franken und in Bamberg (hier u. a. die Bären- , Eckenbüttnerbräu AG und Weißtauben-Bräu) machten sie später als AG zu einem der größten Betriebe in Nordbayern. Anfang der 1970er-Jahre wurde die Brauerei in die Patrizierbräu AG integriert, doch bereits 1977 schloss man den hiesigen Standort. Nach dem Abbruch der beeindruckenden Backsteingebäude (1982) entstand auf dem Areal die Allgemeine Ortskrankenkasse (AOK) und das Neubauviertel am Birkengraben.

Pödeldorfer Straße – Ecke Annastraße

Das Foto aus dem Jahr 1900 gewährt uns einen Blick in die Pödeldorfer Straße aus der Gründerzeit ab Einmündung Katharinen- und Annastraße. Vor der dortigen Haltestelle hält ein Wagen der Bamberg Straßenbahn (1897–1922) beim traditionsreichen Fotogeschäft Schraudner (linke Bildseite). Die Linienführung endet bei der um 1891 erbauten Kaserne des 5. kgl. bayer. Infanterieregiments. Besonders für die Soldaten stellte die Tram ein unentbehrliches – kostenloses – Verkehrsmittel dar. Auf der historischen Aufnahme der bis in die jüngere Vergangenheit beliebten Einkaufsstraße mit mehreren Metzgereien wiesen die meisten Häuserblocks noch schöne Schmuckfassaden auf, die in den letzten Jahrzehnten vielfach „wegmodernisiert" wurden, wie man auf dem aktuellen Bild erkennen kann. Auf der rechten Straßenseite befanden sich bis vor wenigen Jahren noch das Gasthaus „Zur Goldenen Krone", Café Jäger, Farben Hornauer und ein Weinlokal.

nstraße
PRAXIS FÜR
ZAHNMEDIZIN

Pödeldorfer Straße – Ecke Brennerstraße

2001 standen noch die Fertigungsgebäude der „Ersten Bamberger Metallkapsel- und Metallwarenfabrik Kaufmann & Sohn GmbH" an der Ecke Pödeldorfer/Brennerstraße (Foto von Marion Pietz vom April des gleichnamigen Jahres). Das Unternehmen wurde am 9. Juni 1885 gegründet und erlebte eine wechselhafte Geschichte, die mit dem Verkauf an die Fa. Linhardt in Viechtach endete. 2007 erfolgte der Abbruch der Gebäude. Auf der Fläche entstanden an der Ecke zur Brennerstraße zwei Supermärkte.

REWE
REWE

Annastraße

Das historische Foto aus dem Jahr 1891 zeigt das ehemals zu den Bürgerspital-Feldern gehörende Areal mit eigenem Fischweiher an der Ecke Brenner- und Pödeldorfer Straße, sowie die Kapselfabrik Kauffmann & Sohn gegenüber. Ferner die im Aufbau befindlichen Gebäude der Pödeldorfer Straße. Der Kamin in der Bildmitte gehörte zum ältesten Gebäude in Bamberg-Ost, der Präversenfabrik Landgraf, Katharinenstraße 2, erbaut 1871. Mit Abbruch des letzten Gebäudes an der Annastraße im Januar 2020 begann die Nachverdichtung des Areals an der Pfisterbergbrücke mit einem Büro- und Hotelkomplex.

Pleinserhof

Von der Mitte der Georgenstraße aus zwischen Neuerbstraße und Katharinenstraße führt eine Sackgasse in den Pleinserhof mit beidseitiger Reihenbebauung, die aus den Zwanziger Jahren stammt. Der Name stammt von einem Gärtner mit dem Familiennamen „Fritz Pleinser" oder „Plonser", der 1368 in einer Urkunde erwähnt wird. Schade, dass die ehemals vorhandene gemauerte Toreinfahrt nicht mehr existiert, die auf der Aufnahme von A. Schlund aus dem Jahr 1930 zu sehen ist. So kann der „Hof" dem Namen nach eigentlich nicht mehr als solcher bezeichnet werden.

Grafensteinstraße

Mit Aufgabe der Ausstellungs- und Verkaufsfläche des Autohauses Porsche und VW-Franke sowie dem Verkauf der daneben liegenden Fläche, die als Abstellfläche eines Abschleppunternehmens diente, wurde in den 1990er-Jahren eine Eigentumswohnanlage erbaut.

Berliner Ring

Der Ausbauabschnitt des Berliner Rings in Höhe der Warner Barracks der US-Army zerschnitt die ursprünglich zusammengehörigen Kasernenteile. Auf Höhe der Zollnerstraße wurde eigens eine Fußgängerbrücke für die amerikanischen Soldaten erbaut, die bereits im Juni 1999 wieder abgebrochen wurde. Die Auf- und Zufahrten

von der Kaserne wurden eigentlich nie genutzt, außer im August 2017, als das Bundespolizei Ausbildungs- und Fortbildungszentrum einen ausrangierten Eisenbahnwaggon vom Bahnhof in den Kasernenbereich zu Ausbildungszwecken für die jungen Polizeianwärter transportieren ließ.

Arndtstraße

Sie liegt genau zwischen der Rückertstraße und der Straße „Am Spinnseyer" in der Gartenstadt und wurde nach Ernst Moritz Arndt benannt (* 26.12.1769 Groß Schoritz, † 29.1.1860 Bonn). Er war Schriftsteller, Historiker und Abgeordneter der Frankfurter Nationalversammlung. Als Publizist und Dichter kämpfte er u. a. gegen die Herrschaft Napoleon Bonapartes in Deutschland. Daher bezeichnet man ihn auch als Freiheitskämpfer.

Die Reihenhäuser fügen sich sehr stilähnlich in die ruhige Straße ein. Die Gartenstadt liegt im Nordosten des

Bamberger Stadtgebietes zwischen der Weißenburgstraße im Westen und dem Hauptsmoorwald im Osten bzw. der Memmelsdorfer Straße im Norden und Nordwesten sowie den vormaligen Warner Barracks (ehemalige Kaserne der US Army) und heutigem Bundespolizei-Ausbildungszentrum im Südosten und der Zollnerstraße im Süden. Seit 1970 wird der Stadtteil durch den Berliner Ring, eine vierspurige Umgehungsstraße um die Bamberger Kernstadt, in zwei getrennte Bereiche geteilt: das ursprüngliche Siedlungsgebiet der 1930er-Jahre im Nordosten und die Erweiterung der 1950er-Jahre rund um die Auferstehungskirche im Südwesten.

APOTHEKE
METZNER & STAUDT
Metzgerei
METZNER & STAUDT
METZNER

Adolf-Wächter-Straße

Die in der Gartenstadt gelegene Straße erinnert an den ehemaligen Oberbürgermeister Geheimrat Adolf Wächter. An der Ecke zur Hauptsmoorstraße errichtete man in den 1950er-Jahren einen modernen Neubau, in dem neben einer Apotheke auch eine Zweigstelle des „Dreistern“ – Lebensmittelgeschäftes Metzner & Staudt untergebracht waren. Die auf dem breiten Gehsteig vorhandenen Ausstellungsvitrinen wurden zugunsten von Parkplätzen entfernt. Damit ging ein origineller Werbeträger leider verloren.

Greiff-Werke

Beim Vergleich des Schwarz-Weiß-Fotos (1956 Cramers Kunstanstalt DO) zum farbigen Luftbild zeigt sich deutlich die Schrumpfung des ehemaligen Produktionsstandortes der Greiff-Werke an der Memmelsdorfer Straße. Im Anschluss an eine Fabrikationshalle rechts der Bildmitte steht noch die Direktorenvilla mit dem Spitzdach.

Die Geschichte des Unternehmens begann bereits 1802 in Greiffenberg (Schlesien) mit der Herstellung von Leinen und Leinendrucken. Ab etwa 1900 fertigte man neben Berufs- und Freizeitkleidung auch Herrenanzüge und Sakkos.

Gegen Ende des Zweiten Weltkriegs flohen die Mitarbeiter der Firma unter Zurücklassung fast aller Geräte und Stoffe Richtung Westen, darunter auch Geschäftsführer Dr. Winkler mit seiner Frau. Endstation der Flucht war schließlich Bamberg und man begann mit einer kleinen Fertigung. Mit Unterstützung des Bürgermeisters fand das Unternehmen Aufnahme in der Spinnerei Gaustadt, einem Zweigbetrieb der Baumwollspinnerei Erlangen/ Bamberg. 1947 war Startschuss für den Neubau des Unternehmens auf einem ca. 6.000 m² großen Gelände an der Memmelsdorfer Straße im Osten der Stadt. 1949 beschäftigte man 98 Mitarbeiter, 1950 waren es bereits etwa 600. Nach einem weiteren Umbau betrug die Fertigungsfläche 5.000 m². 1955 verzeichnete man 1.500 und 1957 2.500 Mitarbeiter. Nach kontinuierlichem Personalabbau stellten die Greiff-Werke 1997 die Produktion in Bamberg ein. Allerdings wurde die Produktion kontinuierlich auf Europa und andere Erdteile ausgedehnt. Bemerkenswert ist, dass die Unternehmensgruppe das größte Lagerprogramm mit Corporate Wear und Gastronomiebekleidung vorhält, bei über 1800 Vertriebspartnern weltweit. Topaktuelle Bekleidung wird im örtlichen „Factory Store“ angeboten.

Der Memmelsdorfer Ortsteil Lichteneiche (links auf Höhe des ersten Fischweihers von Schloss Seehof) entstand erst ab 1954 nach dem Zweiten Weltkrieg durch die Unterbringung von Flüchtlingen und Vertriebenen hauptsächlich aus dem Sudetenland. Auf Teilen des Greiff-Grundstückes wurde der Wohnpark Sieben Eichen an der Hans-Morper-Straße bei der Hauptsmoorstraße angelegt.

Hallstadter Straße

Die Hallstadter Straße beginnt auf der Höhe Judenfriedhof und führt Richtung Hallstadt bis Ortsende Bamberg. Hallstadt ist der ältere Vorort Bambergs und ehemaliger Königshof an der Karolingischen Handelsstraße. Auf dem alten Foto von etwa 1930 sieht man links stadtauswärts Hallstadter Straße 89 und 93. Beide Anwesen waren ursprünglich Gärtnerhäuser (Nikol und Strobler). Interessant sind die an beiden Häusern angebrachten Schokolade-Werbetafeln Mauxion und Sarotti neben anderen Werbern. Zwischen den Befestigungen für Stromleitungen erkennt man eine Bauersfrau in Tracht. Auf dem aktuellen Foto sieht man eine geschlossene Häuserreihe mit verschiedenen Gewerbebetrieben. Früher waren in diesem Bereich zeitweise der Dreschplatz der Unteren Gärtner, später Schuttplätze der Stadt. Am Platz der heutigen Norma gab es in den 1950er-Jahren eine Tankstelle und eine Spedition.

Tanzkurs in dä Backstumm (Überliefert von Robert Less)

Dä Lohneis Erwin, dä Fischers Michel, dä Kochs Georg un dä Less Robert – des wor iech un hob bein Erwin gewohnt – worn a verschwor'na Rass'. Unsä Treffpunkt wor immä dä Unterstand bei dä Henkerskapell'n (heut' nuch doo, seit 1966 in erweitert'n Friedhof, hintän Friedhofsamt). Um 1948, doo wor nuch wild's Brachland hintän Bäck Fischer, Hallstadter Stroß' 24, dä Friedhof wor nuch längst net so groß wie heut'. Un doo hom miä uns immä gern gätroff'n. A Kinnä-Zimmä hot kannä kobt, es Wohnzimmä wor di gut Stumm, di wuu bloß zu besondera Onläss bänutzt worn is, o Fest-Tääch wi Weihnacht'n oddä Kommion. Eines Toochäs hom sich die vier widdä amol bei dä Henkerskapell'n gätroff'n. Dä Robert un seina drei Spezi hom übäleecht und däbei ihr Hirn halbä zämartert, wi si es Tanz'n lerna könnät'n. Drom Bod'n bein Robert seina Großeltern in dä Lichtenhaidestroß' wor a olt's Grammophon. Drei Schallplatt'n mit Walzer, Foxtrott, Marschmusik für Schieber un Swing worn aa doo. Madla mit Äfohrung hom her gämüsst. Zwaa guta Seel'n hom sich gfunna. Wuu hätt' mer tanz'n könna? Di Backstumm von Fischer is auserwählt worn. Nachmittags, wenn dä Hauptbetrieb abg'flaut wor, hätt's geh gämüsst. Dä Bäck Fischer, a freundlichä, klaanä Moo, hot des erlaubt. Schmunzelnd hot ä unsä Treib'n beäugt. Di Chefin Fischer wor a großa, strenga un mürrischa Fraa. Di hot uns scho mol nausg'schmiss'n aa. Di Sach' wor äußerst schwaaßtreib'nd, dä groß Backof'n hot dä nuch vo früh a Hitz obgeem. Di Füß' in richtich'n Rhythmus zer halt'n wor gor net so einfoch un hot rech'lrechta Krämpf' verursacht. Un donn nuch Madla zerm Oo'fass'n. Des worn miä net gäwöhnt, miä hom nooch G'schlechtä getrennta Schulklass'n g'hobt; bei dä Katholisch'n Juch'nd (kurz: KJ) hot's nä bloß Madlesgrupp'n un Bumm-Grupp'n geb'n. So wor di Bäckärei Fischer unsä Tanzschul' – an richtich'n Tanzkurs hom mä nie bäsucht.

Erlichstraße

Auf dem Foto von Alois Erhardt vom September 1895 ist der langgezogene Straßenzug in der Bildmitte unverkennbar die Erlichstraße, dahinter der Kunigundendamm. Ganz rechts ragt der Turm der 1889 eingeweihten Wunderburger Pfarrkirche Maria Hilf in Bamberg-Süd ins Bild. Der Horizont bildet die Silhouette der Stadt mit Altenburg, Dom und dem ehemaligen Kloster St. Michael ab. Das Foto wurde von der „Dessauer'schen Malzfabrik" an der Theresienstr. 10 aufgenommen. Die zwischen Kapellen- und Erlichstraße gelegene Theresienstraße wurde nach Therese Charlotte Luise (1792–1854), Königin von Bayern und Gemahlin König Ludwigs I. von Bayern benannt. Der im Volksmund gebräuchliche Begriff „Wunderburg" ist auf ein Amtsgebäude von Friedrich von Rotenstein zurückzuführen, das im 14. Jahrhundert in diesem Bereich stand.

Die jetzige „Bamberger Mälzerei" verfügt neben dem verkehrsgünstig gelegenen Standort an der Theresienstraße mit der „Donau Malz" noch über einen weiteren in Neuburg/Donau. Der Hopfengroßhändler Carl Isi-

dor Dessauer (1850–1913) gründete 1885 die Mälzerei gleichen Namens. Bereits ein Jahr später geht sie in Betrieb. Ein kluger Schachzug in einer Region mit der weltweit größten Brauereidichte und dem Anbau guter Braugerste. Etliche Umfirmierungen und Fusionen im Verlauf der Betriebsgeschichte machen sie bis heute zu einem Synonym für Qualitätsmalze. Der jährliche Ausstoß beträgt knapp 100.000 Tonnen. Wenn Sie den Namen Dessauer mit der repräsentativen Stadtgalerie in der Hainstraße 4 a verbinden, liegen Sie richtig. Sie wurde von seinem Sohn Carl Emanuel 1884 als Statussymbol errichtet.

In der Gegenwart gibt es keine Leerflächen mehr. Wohnbebauung speziell in der Gereuthsiedlung (linke Bildseite) sowie Gewerbeansiedlungen dominieren diese Stadtlandschaft an der Peripherie.

Münchner Ring

Das Schwarz-Weiß-Foto von Emil Bauer zeigt die Situation im Bereich Trimbergschule, Luitpoldhain und Kunigundendamm. Der Ausbau des Münchner Rings vom Berliner Ring bis zum Kunigundendamm erfolgte Mitte der 1970er-Jahre samt Lückenschluss der Heinrichsbrücke bis zur Würzburger Straße zur weiteren Entlastung der Innenstadt. Vom Dach der Brose Arena aufgenommen, sieht man die üppige Begrünung, der ebenso neu gebauten Forchheimer Straße.

Kaufland

Wildensorger Straße

Die aus dem Jahr 1925 datierte Aufnahme zeigt einen unverbauten, beschaulichen Blick auf die Stadt etwa in Höhe der Einmündung Rinnersteig (kleiner Tempel). Nach der am 16. Juni 1925 durchgeführten „Volkszählung im Deutschen Reich" belief sich die Einwohnerzahl auf 49.465 Personen, aktuell sind es knapp 80.000. Durch Strommasten ist der Dom teilweise verdeckt. Die Straße war noch nicht asphaltiert oder wurde gerade dafür

vorbereitet, wie die relativ neuen Böschungen in der Linkskurve Richtung St. Getreu-Straße vermuten lassen. Rechts zeigt die Straße zur damals selbstständigen Gemeinde Wildensorg. Auf dem Farbfoto bestimmen die an der Peripherie stehenden Hochhäuser am Berliner Ring/Siemensstraße die Silhouette. Ein großer Teil der ursprünglichen Blickachse ist durch Baumwuchs verdeckt.

Flugplatz Breitenau

Der Flugplatz an der Breitenau mit seinen Umgriffsflächen ist ein prägnantes Beispiel, wie rasant sich ein neuer Stadtteil, weitere Wohngebiete und Gewerbeparks innerhalb von 100 Jahren entwickeln können. Der Name Breitenau ist ein mittelalterlicher Flurname.

Zum Zeitpunkt der 1930 entstandenen Aufnahme war es, abgesehen von der ersten Flugzeughalle und dem Bayernwerk (jetzt EON) – linke Seite Mitte – noch sehr leer. Entlang der Bahnlinie nach Scheßlitz („Schäätzer Bockerla“) erkennt man den Bruckertshof, der nach vorbildlicher Restaurierung jetzt ein Hotel und einen Biergarten beherbergt. Etwas weiter oberhalb befindet sich eine hügelige Bewaldung. Rechts davon ragt der Kugelfang des alten Schießstandes des Exerzierplatzes des 5. kgl. bayerischen Infanterie-Regiments ins Bild. Weitere Bebauung ist nicht vorhanden. Beschaulich quert der Seebach den Flugplatz. Am unteren Ende des Fotos führt ein Bahngleis von der damaligen HWKW (Hauptwerkstätte für Kraftfahrzeuge der Post) vorbei. Um die weite Fläche gruppieren sich schmale Anbauflächen aus der Blütezeit des Gärtnerstandes in Bamberg. Die Geschichte der Fliegerei in Bamberg sollte in geraffter Form Erwähnung finden, schließlich ist sie mit dem Flugplatz und bekannten Namen eng verbunden. Friedrich Harth kam 1909 nach Bamberg und wurde Regierungsbaumeister. Im gleichen Jahr unternahm er erste Versuche mit einem „Schwebeflugzeug“, wie vor ihm schon Otto Lilienthal und die Gebrüder Wright. Sein Schüler war Willy Messerschmitt, der Sohn eines Bamberger Weingroßhändlers. Gemeinsam bauten sie Segelflieger und Leichtmetallflugzeuge. Später trennten sich ihre Wege. Den Namen Messerschmitt verbindet man vor allem mit den legendären Me-108 und Me-109-Flugzeugen. Für die „Kö-

niglich Bayerische Fliegertruppe" wurde 1912 eine Flugzeughalle gebaut, die vier Jahre später, mitten im Ersten Weltkrieg als Kriegsfliegerschule Verwendung fand. Nach dem Ende des Krieges mussten 1919 alle Anlagen der Luftfahrt nach den Bestimmungen des Versailler Friedensvertrages abgerissen werden. Durch die anschließende Nutzung als Segelflugplatz nahm der Flugsport eine steile Entwicklung. 1933 wurden alle Luftsport treibenden Vereine in Deutschland aufgelöst und der Flugplatz als Außenlandeplatz für Luftwaffen-Flugzeuge umgewidmet.

Die US-Armee nutzte seit dem Ende des Zweiten Weltkrieges den Platz für ihre Heeresfliegereinheiten. Der Aero-Club Bamberg durfte den Platz zivil nutzen. 2012 ging er als Sonderlandeplatz in den Besitz der Bundesrepublik Deutschland über. Betreiber sind die Stadtwerke Bamberg in Zusammenarbeit mit dem Aero-Club. Der Flugplatz ist auch Stützpunkt der Luftrettungsstaffel Bayern. Für die Unternehmensansiedlung der Fa. Brose war der weitere Ausbau der Landeflächen sowie 2014/2015 der Bau eines neuen Towers samt Abfertigungshalle Voraussetzung hierfür.

Auf dem aktuellen Luftbildfoto erkennt man ganz im Hintergrund die stark angewachsene Gemeinde Gundelsheim. Links der Ortsteil Bruckertshof/Hirschknock/Kramersfeld, darunter das Gewerbegebiet Fürstenwiesenweg. Rechts davon sind Wohnblocks an der Memmelsdorfer Straße und der langgestreckte Neubau der Firma Brose Fahrzeugteile GmbH & Co. KG am Berliner Ring angesiedelt.

Bughof

In Bughof entstanden weit außerhalb der Stadt 1852 zwei Wohn- und Nebengebäude samt Scheunen im jetzigen Stadtteil Bug (Foto von 1893). Seinerzeit führte der Ludwig-Donau-Main-Kanal daran vorbei. An der aufgelassenen Kammerschleuse 99 steht noch heute das Schleusenwärterhaus, ein eingeschossiger Sandsteinquaderbau, Baujahr 1854. Auf dem aktuellen Foto sind die Bughof-Gebäude etwas rechts der Bildmitte verdeckt. Die Regnitz davor blieb weitgehend in ihrem Flusslauf.

Bildnachweis

S. 8: BS 524–2 – H002 B002 – N.N.
S. 10: BS 342 Maxplatz – H013 B001 – J. Schraudner
S. 12: D 2020 – Max Gardill. Foto: 1952
S. 14: BS 342 Grüner Markt – H027 B002 – A. Schlund
S. 16: Emil Bauer, D 2088 + 84854 + 14. Foto: 1951
S. 18: BS 342 Austraße - H001 B003 – N.N.
S. 20: BS 342 Grüner Markt – H042 B003 – N.N. Foto: ca. 1937
S. 22: BS 342 Grüner Markt – H039 B004 – N.N. Foto: ca. 1970
S. 24: BS 342 Fischerei – H045 B001 – Alois Erhardt. Foto: 1873
S. 26: BS 342 Obstmarkt – H004 B001 – Alfred Kröner
S. 28: BS 342 Schönleinsplatz – H019 B001 – Josef Weberpold. Foto: 1920
S. 30: BS 342 Lange Straße – H005 B002 – N.N.
S. 32: BS 342 Franz-Ludwig-Straße – H001 B001 – Alois Erhardt
S. 34: BS 342 Friedrichstraße – H002 B003 – N.N.
S. 36: BS 342 Schranne – H003 B002 – N.N. Foto: 1895
S. 38: BS 342 Hauptwachstraße – H002 B002 – Alois Erhardt
S: 40: BS 342 Kettenbrückstraße – H001 B003 – Wilhelm Kröner
S. 42: BS 342 Lange Straße – H018 B003 – A. Schlund
S. 44: BS 342 Am Kanal, - H001 B001 – N.N.
S. 46: BS 342 Königstraße, Obere – H009 B002 – N.N.
S. 48: BS 342 Luitpoldstraße – H004 B001 – Alois Erhardt
S. 50: BS 53732-7 – H002 B002 – H. Altmann
S. 52: BS 532/5 b – H002 B003 – N.N.
S. 54: BS 342 Löwenstraße – H001 B001 – N.N.
S. 56: privat
S. 58: BS 342 Habergasse – H003 B002 – Josef Weberpold. Foto: 1920
S. 60: BS 342 Habergasse – H003 B001 – Josef Weberpold. Foto: 1920
S. 62: BS 342 Schillerplatz – H011 B004 Foto N.N.
S. 64: BS 342 Balthasargasse – H001 B001 – H. Altmann. Foto: 1983
S. 66: BS 342 Siechenstraße – H004 B002 – N.N.
S. 70: BS 342 Siechenstraße – H004 B004 – H. Altmann
S: 72: BS 342 Magazinstraße – H003 B001 – H. Altmann
S. 74: BS 342 Memmelsdorfer Straße – H004 B004 – Balthasar Achtziger.
S. 78: BS 2577/4 b – H008 B001 – N.N.
S. 80: BS 342 Färbergasse – H001 B002 – J. Schraudner. Foto: 1991
S. 82: BS 342 Obere Mühlbrücke – H001 B001 - Bernhard Haaf.
S. 84: Obstmarkt 5-7 – H003 B002 – N.N.
S. 86: BS 333 Luitpoldstraße 17 – H004 B001 – N.N.
S. 88: BS 342 Dr.von-Schmitt-Straße – H003 B001 – J. Schraudner
S. 90: BS 342 Egelseestraße – H0023 B002 – N.N.
S. 92: BS 342 Obere Königstraße – HJ003 B001 – Alois Erhardt
S. 94: BS 342 Löwenstraße – H002 B001 – Alois Erhardt
S. 96: BS 342 Kunigundendamm – H002 B001 – A. Schlund
S. 100: BS 53732-3 – H001 B003 – Cramers Kunstanstalt, Dortmund
S. 104: BS 333 Weidendamm 85-91 – H001 B001 – J. Schraudner
S. 106: BS 342 Wilhelmsplatz – H006 B001 – N.N.
S. 108: BS 342 Augustenstraße – H001 B001 – Alois Erhardt
S. 110: BS 342 Schulplatz – H001 B003 – Wilhelm Kröner.
S. 112: BS 342 Unterer Kaulberg – H003 B001 – Emil Bauer
S. 114: BS 342 Domstraße – H010 B002 – N.N. Foto: ca. 1955

S. 116: BS 342 Markusstraße – H002 B002 – N.N. Foto: 1920
S. 118: BS 342 Obere Karolinenstraße – H002 B003 – N.N. Foto: 1920
S. 120: BS 342 Schiffbauplatz – H003 B001 – W. Kröner
S. 122: BS 342 Hölle – H003 B002 – N.N.
S. 124: BS 342 Am Leinritt – H003 B004 – N.N.
S. 126: BS 342 Altenburger Straße – H003 B004 – N.N.
S. 128: BS 53731-4 a – H021 B002 – N.N.
S. 130: BS 331-2 – H021 B001 – Alois Erhardt
S. 132: BS 342 Zollnerstraße – H001 B002 – N.N.
S. 134: BS 331-2a – H003 B004 – Flug Photo Verlags Ges., München. Foto: 1920
S. 136: Privatbesitz
S. 138: BS 333 Pödeldorfer Straße 1 – H004 B002 – M. Pietz
S. 140: Staatsbibliothek Bamberg VBk 187 – Ch. M. Bauer
S. 142: BS 32 Pleinserhof – H001 B001 – A. Schlund. Foto: 1930
S. 144: BS 342 Grafensteinstraße – H002 B002 – J. Schraudner
S. 146: BS 342 Berliner Ring – H001 B001 - M. P. Knoblach
S. 148: BS 342 Am Spinnseyer – H001 B003 – A. Schlund. Foto: 1935
S. 150: BS 342 Adolf-Wächter-Straße – H001 B001 – A. Schlund
S. 152: BS 53732-2 – H001 B001 – N.N.
S. 154: BS 342 Hallstadter Straße – H002 B001 – N.N.
S. 156: BS 342 Erlichstraße – H002 B001 – Alois Erhardt
S. 158: BS 342 Münchner Ring – H001 B001
S. 160: BS 342 Wildensorger Straße – H001 B004
S. 162: BS 331-2a – H100 B10270 – Photogrammetrie München
S. 164: BS 342 Bughof – N.N.
Aktuelle Aufnahmen: **Jürgen Schraudner**

Quellenverzeichnis

Breuer, Tilmann/Gutbier, Reinhard: Die Kunstdenkmäler von Bayern – Bamberg/Innere Inselstadt Bd. 1 und 2, R. Oldenbourg Verlag München 1990,

Breuer, Tilmann/Gutbier, Reinhard: Die Kunstdenkmäler von Bayern – Bamberg/Bürgerliche Inselstadt Bd. 1 und 2, Bayerische Verlagsanstalt Bamberg/Deutscher Kunstverlag München Berlin 1997.

Fränkel, Heinz F./Mayer, Hans W.: Neue und alte Straßennamen. Straßennamen-Erklärungen, Verlag Norbert J. Haas 1998.

Freise-Wonka, Christine/Eberts, Peter: Bamberg Weltkulturerbe, Heinrichs-Verlag Bamberg – Bayerische Verlagsanstalt Bamberg, 5. Auflage 2008.

Heckel, Willy: Bamberg im 20. Jahrhundert, Verlag Fränkischer Tag Bamberg 1999.

Knefelkamp, Ulrich/Reddig, Wolfgang F./Zink, Robert: Vielfältiges Bamberg – eine Stadtgeschichte, Verlag Fränkischer Tag Bamberg 2008.

Moser, Peter: Das Album des Alois Erhardt (1859 – 1902) – Bamberger Ansichten, Babenberg Verlag Bamberg 2002.

Moser, Peter: Bamberg – Geschichte einer Stadt, Babenberg Verlag Bamberg 1998.

Stadt Bamberg (Hrsg.): Bamberg – Die Altstadt als Denkmal, Heinz Moos Verlag München 1981.

Stadt Bamberg/Fränkischer Tag (Hrsg.): Bamberg – Schöne Bürgerhäuser – Gesichter einer Stadt, 1975.

Wussmann, Wolfgang: Bamberg-Lexikon, Erich Weiß Verlag Bamberg 1996.

www.domberg-bamberg.de/highlights/domherrenhoefe/

2. Auflage 2023

Layout: Heinrichs-Verlag gGmbH, Bamberg
Druck und Bindung: Aktiv Druck & Verlag GmbH, Ebelsbach

ISBN 978-3-89889-232-2 (Druckausgabe)

ISBN 978-3-929341-66-9 (Stadtarchiv Bamberg)
ISSN 0936-4757 (Stadtarchiv Bamberg)